企业税收风险管理
理论与实务研究

谢德明◎著

中国水利水电出版社
www.waterpub.com.cn
·北京·

内 容 提 要

　　随着世界经济国际化、金融全球化的发展,企业每天都受到不确定性的困扰,风险无处不在。本书在阐述税收风险管理的理论综述基础上,详尽地论述了我国现行税制与税收风险、税收风险的管理与应对及重点行业税收风险评估与应对,对企业税收风险产生的原因分析进行了探讨。

　　本书内容充实、丰富,科学性、实用性较强,选材实用,结构合理,是一本实用价值高的技术指导书。

图书在版编目(CIP)数据

企业税收风险管理理论与实务研究/谢德明著. —
北京:中国水利水电出版社,2017.7 (2024.1重印)
　ISBN 978-7-5170-5716-1

　Ⅰ.①企… Ⅱ.①谢… Ⅲ.①企业管理－税收管理－
风险管理－研究－中国 Ⅳ.①F812.423

中国版本图书馆 CIP 数据核字(2017)第 188032 号

书　　　名	**企业税收风险管理理论与实务研究**
	QIYE SHUISHOU FENGXIAN GUANLI LILUN YU SHIWU YANJIU
作　　　者	谢德明　著
出版发行	中国水利水电出版社
	(北京市海淀区玉渊潭南路 1 号 D 座 100038)
	网址:www. waterpub. com. cn
	E-mail:sales@ waterpub. com. cn
	电话:(010)68367658(营销中心)
经　　　售	北京科水图书销售中心(零售)
	电话:(010)88383994、63202643、68545874
	全国各地新华书店和相关出版物销售网点
排　　　版	北京亚吉飞数码科技有限公司
印　　　刷	三河市天润建兴印务有限公司
规　　　格	170mm×240mm　16 开本　16.25 印张　211 千字
版　　　次	2018 年 1 月第 1 版　2024 年 1 月第 2 次印刷
印　　　数	0001—2000 册
定　　　价	**75.00 元**

前　言

　　随着我国经济体制改革的不断发展和深入,市场经济的不断发展和完善,税源分布越来越广,其流动性和隐蔽性也越来越强。经济决定税源,税源决定税收,但在实际的税收管理中,由于受多种条件的影响,税源并不能完全形成税收,导致客观税源决定的纳税能力与当前实际税收之间有事实上的差异,这就表明税源管理过程中存在税收流失风险。我国的税收风险管理理论和实践还处于起步阶段,在思想认识、理论体系、组织体系、资源配置、税收流程化管理、立法保障等方面都存在许多难题。

　　本书共有七章内容。第一章为导论,包括企业税收风险管理的内涵与意义,税收风险管理的理论综述、目标、流程与措施等内容。第二章为我国现行税制与税收风险,从我国现行税制概述、我国企业纳税的主要税种以及税务稽查与税收风险等方面进行了相关研究。第三章为企业税收风险产生的原因进行分析。第四章论述了企业税收风险的分析识别。第五章对税收风险的管理与应对做了相关分析。第六章为企业运行中各环节的税收风险应对。第七章为重点行业税收风险评估与应对。本书结合我国税收风险管理的实践,对我国税收风险管理的理论和方法体系进行研究和构建,对于有效推进和实施我国税收风险管理,提高征管质量,降低税收风险有重要的意义。

　　本书在写作过程中,参阅了大量相关的文献,对于有关专家和作者表示衷心的感谢!由于作者水平有限,加之会计准则和税收法律、法规也处于不断完善中,书中不可避免有一些错漏之处,恳请广大读者批评指正。

作　者

2016 年 12 月

目　录

第一章 导 论

"凡事预则立,不预则废"。近年来,税收风险已经成为企业界和税务机关关注的热点话题。很多国内外大公司因对税收风险防控不严出现涉税问题,致使企业经营和信誉遭受很大损失。税收风险已经成为企业"甩不掉的影子"和"定时炸弹"。因此,加强企业税收风险管理,已经不是可有可无的问题,而是非常现实的迫切问题。

第一节 企业税收风险管理的内涵与意义

随着经济全球化的发展,我国的税收征管正逐步与国际接轨,与税收有关的法律、法规也日趋完善,利用税制漏洞钻空子的现象将很难再现。此外,企业面临的竞争压力也越来越大,企业要尽可能地控制包括税费在内的各种成本。作为企业,一方面在经营方面要不断发展,寻找新的经济增长点,密切关注国家当前发展的政策和手段方法,积极应对政府各种税收制度的变化,降低企业的税收成本;另一方面要预防可能出现的各种风险,及时找出对策,并将其落实。

一、风险与风险特征

(一)风险的概念

风险是指对未来可能发生的事情产生的一些不好的影响,主要可以从不同的方面考虑,经济学、统计学和金融学分别对其有不同的观点和认知。风险是一种不稳定存在的因素,具有确定性和不确定性。对于目标工作的实现,风险被理解为具有对社会产生不好的因素或者造成了一定的损失或者产生一定的危害等。

我们可以从定性和定量两个方面进一步理解风险的概念。

1.从定性的角度理解

风险被定义为对实现组织目标产生损失危害的各种可能性与不确定性。

在未来不确定性和不可完全预知的条件下,目标在实现的过程中出现的问题存在一定的损失以及可能会给目标带来的一定危害,在各种可能出现的情况下,风险是一种消极、负面的存在,具有客观的不确定性。风险的客观不确定性出现的损失以及危害是会在目标情况的条件下带给财务的一种损失。风险出现的损失是具有不确定性和可能性的。风险是与损失共同存在的一种必然的联系。

2.从定量的角度理解

风险被定义为实际结果与预期结果之间的偏差以及实际结果偏离预期结果的概率。

风险是指在目标已经确定下来,实行过程中产生的结果与预测的结果之间的差异,一般是指可能发生的事件与目标之间产生结果的差异。风险是随机发生的事情产生的结果,风险的等级程度是预测事件损失的一种概率度。除此之外,有学者认为,"风险是可测度的客观概率的大小",这类学者认为,风险是客观存在的,是可以通过事情的发展通过概率的预算测量和推算出来的,是与实际事件产生的结果之间的差异,是不确定存在具体的事件中出现,是随机不确定发生的。

（二）风险的特征及要素

1. 风险的特征

风险的特征是由风险的属性决定的，是风险的内在本质规律的外在表现。从风险的上述定义中我们不难看出，风险主要有以下特征。

第一，风险具有客观性和普遍性。风险是任何一件事情的进展过程中都可能会存在的一种客观因素，任何事情的发展都是会存在一定的风险，风险是客观上普遍存在的。人类在探索和发展的道路上一直在寻找预防风险的规律，找到如何预防和控制风险的管理办法，现实是不能消除风险出现的，风险是任何事物在发展过程中都可能出现的一种进展和变化。

第二，风险具有预期性。在事物发展的过程中，预先考虑这件事情可能会存在怎样的风险因素和可能出现的什么样的结果，是否与预测的结果存在很大的差异，没有目标就没有风险。

第三，风险具有不确定性。风险是未来事物可能出现的一种结果，人们对未来的事物发展不具备可预知性，所以风险也是具有这种特性的，在不确定和不可预知的条件下发生是风险的一种本质属性。事物未来的发展产生的损失结果是不确定性的。

第四，风险具有损失性。风险会出现一定的损失性，是组织目标实现的过程中不愿见到的一种危害。组织目标的实现不能避免风险的产生，在实现预期目标的过程中，必须采取有效的策略和方法预防和规避风险带来的负面影响。风险是会给组织目标带来损失和影响的。

第五，风险具有可变性和可控性。人们不能预知风险产生的阶段，但是可以通过有效的预防措施来预防风险可能会存在的环节，在一定条件下，人们的主观判断会在一定的情况下影响风险在客观条件下和环境因素下的变化，风险可能会产生变化甚至消失。即人们在一定的空间和范围内改变环境的控制，特定出现的风险是可以规避和消除的。

2.风险要素

基于国内外学者的观点,风险主要是由风险成因、风险损失的可能性和结果两大要素组成。这些要素之间相互作用影响了风险的产生、发展和损失结果。风险产生的原因来自风险可能发生的很多机会直接影响,就是风险源,风险损失的可能性和结果,是指非预期计划目标的经济价值的减少的可能性和减少量。两者之间存在一定的因果关系:风险产生的原因是引起风险损失的发生的直接结果,风险的发展是导致风险损失的潜在因素。由此可见,找出风险可能出现的因素,对于实现整个目标有着重要的影响作用,各种风险因素的出现都会产生不同的风险损失,所以要从风险产生的源头的起因上直接找到原因,这样才能在风险出现的初期预防和控制风险带来的损失。分析和处理风险的原因是很重要的,找到直接出现因素,才能降低风险损失结果的发生,减轻和避免损失的结果。

二、税收风险管理的意义

为了防范和控制税收风险发生的损失后果危害,提高纳税遵从度,各国纷纷研究和探讨运用风险管理的科学原理和方法,力图有效规避、防范和控制税收流失风险,于是税收风险管理便应运而生。在研究税收风险管理之前,我们首先了解关于风险管理的相关问题。

(一)风险管理的概念

"风险管理"作为一种经营管理的理念,具有悠久的历史。不管是古代的西方人民还是中国人民都已经产生了规避风险的理念。西方有"不要把鸡蛋放在一个篮子里"的规避风险的说法,中国也有积谷防饥等风险管理的雏形出现。而古代的镖局押运都是现代风险管理的一种体现,是分散风险和转移风险的有效控管方法。现代风险管理思想出现在 20 世纪前半世纪,如法约尔的安全生产思想,马歇尔的"风险分担管理"观点等。

风险管理是一门新兴的管理学科,作为一门学科的出现开始于 20 世纪中叶。最早起源于美国,是由于世界经济危机的影响,许多大型企业纷纷建立起内部的管理风险部门,负责企业的各种保险项目。1950 年成立了风险管理学科,"风险管理"一词才形成。20 世纪 70 年代以后逐渐掀起了全球性的风险管理运动。随着社会的发展,在外国等地先后建立起全国性和地区性的风险管理协会。中国对于风险管理的研究开始于 20 世纪 80 年代。由于中国的大多数企业缺乏对风险管理的认识,也没有专门的风险管理机构,所以在将风险管理引进中国的时候,得到大部分企业的认可,在部分企业中试用效果比较满意。然而,作为一门学科,风险管理在中国尚处于刚起步阶段,风险管理学科不仅是一门管理学科,一种管理方法,更是一种研究当前社会风险发生规律的学科,通过风险管理学科,能够对风险进行科学的认识和判断。通过对风险进行分析识别、风险程度衡量、风险评价和应对处理等优化组合各种风险管理的技术和方法,可实现对风险进行有效防范和控制的管理目标。

(二)税收风险管理的概念

税收风险管理是研究税收风险发生规律和对税收风险有效防范和控制方法的一门现代税收管理学科。在国际上通常称为税收遵从风险管理(Tax compliance risk management),是一种对税收与税法科学管理的一种方法,包括纳税人是否对税法遵从的确定性与不确定性的管理过程和方法,科学事实风险管理目标规划,税收风险分析识别,风险程度评价与等级排序,风险应对处置和风险绩效评价等。通过税收风险管理。能够最有效地使用征管资源,防控风险的出现,提高纳税人对纳税法规的遵从度和满意度。

由于当前我国的税收风险管理还处于实践阶段,所有的税收风险管理还是以纳税人是否遵从纳税法规来决定的,同时包括防范和控制税务机关内部的税务廉政的执法风险。

(三)税收风险管理的目标与作用

1.税收风险管理的目标

实施税收风险管理首先要明确战略目标,根据战略目标的实施决定策略和方法,才能科学地展开税收风险管理。

税收风险管理是运用税收风险的理念,用最小的税收管理成本,最大限度地提高税收遵从度,收取最大的税收安全保障。合理运用税收风险管理方法,可以减少和控制税收流失可能造成的损失和危害。

(1)全面提高税法遵从度

我国税收风险管理的目标是以提高纳税人对税法的遵从为主,以税务人员对税法的遵从为辅,依法行使国家的税收管理制度,让人们能够主动地遵从税法制度,税务人员依法办事,执法为民,公正公平地执行税法。从而使税法能够得以顺利进行,降低纳税遵从风险和执法风险。

(2)提高纳税人的满意度

根据纳税风险管理法,纳税人需遵守税收制度,为了保证纳税人的合法权益,使纳税人能够满意地进行缴纳税款,需对遵守税法制度、无遵从风险的纳税人给予优质服务以对其激励,降低纳税人的税收遵从风险,保障纳税人的合法权益。在公平竞争的税收环境下,建立良好的税收工作态度,增进纳税人对税务机关服务与管理行为的认可程度和满意度,增进纳税人对纳税工作的理解、支持和满意度。

(3)全面提高税收征管的质量和效率,降低税收流失率和征纳成本降低税收流失率就是要提高税收征收率,税收征收率如何提高,如何确保税收收入的稳定快速发展,就要缩小税收征收数和预期征收数之间的差距。征收率体现了纳税人对税法的遵从度的提高,税收征收率的提高反映了税收流失率的降低,同时税务机关服务和管理质效也在提高。

降低征纳成本,包括降低纳税人的遵从成本和税务机关的征收成本。通过加强税法的宣传,使人们认识到税法的重要性,优化办税服务,公平公正地执法,是纳税人主动纳税的关键,通过整合机构、压缩管理层级、优化征管程序和管理资源配置以及加强信息共享等途径,提高管理效能,降低税务机关的征收成本。

2.税收风险管理的作用

税收风险管理的一个重要作用在于促进税务机关最有效地使用有限的管理资源,发挥最大的管理质效。通过税收风险管理的流程和管理方法,实现税收遵从缺口的缩小,减少税收规模的流失,促进纳税遵从制度在风险管理目标中起到有效的作用。

虽然税务机关都拥有一定的管理资源,但是要保证每一个纳税人在纳税义务发生时都能全面履行纳税义务,这些资源又总是不足的。各种行业的不同经济贸易数量的增长,各种不同组织目标的出现都是社会在不断发展、不断创新的必要因素,这些因素的出现增加了各种税收风险的出现,也增加了税收机关纳税服务、税收检查及其他遵从干预的复杂性和工作量。

在资源配置过程中,需要合理地将税收管理制度资源进行提高和优化,这意味着全球的税务机关将在税务优化的管理上考虑如何加强税收制度的遵从力度,如何有效地把有限的资源优化配置到税收风险遵从度较大的领域和群体中去。在资源配置决策时,必须考虑哪些是最需要应对的遵从风险,哪些纳税人与这些遵从风险相关,如何通过合理的资源分配,提高纳税人的税法遵从度和纳税人的满意程度,降低税收流失风险的管理目标。因此,税收风险管理的一个重要功能和作用,就是帮助税务机关找到确定资源配置策略和遵从目标最大化之间的最佳结合点,从而提高管理质效,实现管理目标。

三、税收风险管理的定义

税收风险管理是指税务机关通过科学的管理和先进的管理技术和手段,对税收在实施过程可能出现的风险进行评估预测,并根据可能产生的不同的税收制度风险制定相应的对策,在以后的税收实施过程中,通过采取之前可能出现的风险预测下次风险的程度,进而科学地进行风险管理和规避预防风险的出现,提高税法遵从度。科学理解这一定义,需要从以下几个方面来把握。

(一)信息管税是实施税收风险管理的支撑

信息管税是贯穿于税收征管全过程的关键因素,是税收征管工作的重要生产力。在信息化时代,解决征纳双方信息不对称的问题,可以通过对涉税信息的采集、分析、利用,对各种信息加以使用,从而提高税法遵从度和税收征税率。信息管税是带动现代信息管税的关键,能够清楚地了解各种纳税信息,以采取最有效的管理手段,对全面提高税收征管工作有很大的益处。

(二)认知风险是实施税收风险管理的关键

在预测风险出现时,首先要对风险有一定的深入了解,不管是运用税收政策、征管方法或者信息化手段、统计学技术,都可以对风险出现的因素进行剖析。只有深入地了解风险可能出现的方向,并运用税收风险管理进行科学的预测,才能提出解决的办法。精确预测、识别和评估各类税收风险是实施税收风险管理的关键。如果不能科学精确地对风险进行评估预测,实施税收风险管理就失去了正确的方向。

(三)差异化应对是实施税收风险管理的核心

为了提高税收管理的有效实行,需要针对不同的税收风险进行管理,通过运用综合的提醒、约谈、核查、检查等不同的风险应对策略,抓住事物发展的主要矛盾和矛盾产生的原因,采取有针对性的解决办法。面对不同等级的风险,要先运用具有优势的解决方法,这样可以提高税收征管资源的管理。

(四)税收风险管理是实施专业化管理的导向

要将风险管理理念贯穿于纳税资源管理中去。首先,要对风险大的纳税人先行使用,将资源合理的配置,实现纳税人的利益最大化。其次,制定出应对不同等级风险管理的措施,战略上的整体规划,按照分析识别、等级排序、应对处理、绩效评估等设计税收风险管理流程。最后,建立风险预警指标体系和评估模型及风险特征管理库,根据不同类型的风险,采取纳税辅导、风险提示、纳税评估、税务稽查等风险应对措施,促进纳税遵从度的提高。

(五)提能增效是实施税收风险管理的目标

所谓提能,就是通过税收风险管理,促进纳税人努力提升纳税遵从的能力和水平,不断降低纳税遵从风险、减少税收流失;所谓增效,就是要按照风险管理战略规划、风险识别、风险排序、风险应对和风险管理监控评估等程序架构,形成上下互动、运行顺畅的税收遵从风险控管流程体系,进一步增强税源管理的质量和效率。

四、实施税收风险管理在税收征管中的重要作用

科学把握税收风险管理的核心地位和导向作用,有助于各级税务部门统一思想认识,把握内在规律,增强工作合力,促进税收征管风险各项任务的落实。总体来看,税收风险管理在税收征管工作中的作用主要体现在以下三个方面。

（一）导向作用

税收风险管理是一种先进的管理理念和模式，可使税务机关更加准确、全面地发现影响实现税收管理目标的风险，对税收风险容易发生且风险级别较高的领域、行业和纳税人，优先配置资源，采取恰当的应对措施和方式，有效地应对税收征管风险，获得较高的税法遵从度，进而促进税收征收效率的进一步提高。

（二）核心作用

税收风险管理的核心是按照税收风险信息采集、分析识别、等级排序、应对处理、过程监控与绩效考核等环节来设计税源管理流程，实施风险管理。风险管理的实施是根据风险等级的不同采取不同的应对措施管理，对风险级别较低的纳税人，实施税法宣传、纳税辅导、风险提示；对风险级别较高、疑点较多的纳税人，由专业团队进行纳税评估；对高风险等级或评估后仍无法排除疑点的，实施税务稽查。

（三）支撑作用

税收风险管理要求各级税务机关利用现代信息技术，加强信息管税的支撑作用，健全税收管理体系，重点解决纳税过程中信息不完善的问题，以对涉税信息的采集、分析、利用为主线，把税收风险管理的理念贯穿于信息管税的全过程，加强业务与技术的融合，进而提高税收征管水平。

第二节　税收风险管理的理论综述

近年来，全国税务系统积极探索，充分发挥税收风险管理的导向作用，尝试运用各类征管数据，依托信息化工具，实施风险监控，提高征管工作的效率和科学化水平，取得了较好的成效。但也还存在一些对税收风险管理认识不统一、定位不准确、职责不清晰、机制不健全等瓶颈问题。

一、风险管理理论的形成与发展

风险管理经历了三个发展阶段,首先是传统风险管理理论的出现,是从 20 世纪 30 年代到 70 年代之间;其次是整体化风险管理理论阶段,从 20 世纪 70 年代到 90 年代;最新的阶段是从 21 世纪初期到今天仍在发展,从最早的金融风险到今天社会的方方面面,受到世界的广泛关注。

(一)传统风险管理理论

最早提出风险管理理念的是美国 US 钢铁公司的董事长,他从公司多次发生的事故中总结出"安全第一"的思想理念。当风险管理被作为一门课程运用实施时,已经形成了独立的理论体系。在这一发展阶段,风险管理主要运用于企业管理领域,主要目的是对企业的人员、财产和自然、财务资源进行适当保护,民间和企业是此阶段风险管理的主角,风险管理以保险为核心。

(二)整体化风险管理理论

20 世纪 90 年代以后,集金融传统风险管理和金融财务风险管理于一体,整体化风险管理成为现代风险管理的核心理论。风险管理作为一门学科出现,逐步走向更加专业化和系统化的道路。整体化风险管理从各个方面考虑企业存在的问题,打破原来传统风险管理只是单纯为了防范损失为主要内容的狭隘理解。以更加自觉、更加系统、更加全面、更加科学的思维和方法来研究和解决风险对企业的整体影响。风险管理工作涉及的是各个方面运行可能出现的问题,在西方国家,专门设有风险管理机构,专门负责风险的分析和处理工作。风险管理工作包括财务管理、市场营销管理、人力资源管理和企业生产作业管理等多个方面,从企业的各个运行环节中最大限度地降低企业可能出现的风险。风险管理已成为企业中专业性、技术性较强的经济管理部门,风险管理人员通过他们的工作识别风险,为企业管理层和决策层提供决策依据。

(三)全面风险管理理论

全面风险管理是现代社会发展的必然结果,是站在全面发展的角度对整个发展阶段的管理。企业在建立管理过程中,必须考虑各个方面可能出现的风险因素,建立健全的风险管理机构。风险管理的基本流程包括风险管理策略、风险理财措施、风险管理的组织职能体系、风险管理信息系统和内部控制系统,从而为实现风险管理的总体目标提供合理保证的过程和方法。全面风险管理的出现弥补了传统风险管理的不足,更加注重事情发展的整个过程,从事情的开始策划到实施进行的过程,再到最后的结果,都是整个风险管理系统考虑在内的问题,并考虑环境变化的因素,更为重要的是,它通过构建系统的风险管理框架,将面临的各种风险有机地结合起来,明确各类风险之间的关系和互相影响,形成了实时的、系统的、立体的风险管理模式。

二、实施税收风险管理的重大意义

(一)实施税收风险管理有利于建立现代化税收征管体系

从国际上看,自20世纪70年代末西方发达国家开展新公共管理运动以来,税收征管呈现一种新的发展特征,将征管策略引入风险管理理论中,广泛运用信息技术加强涉税信息的采集利用,在机构设置上强调集中化、扁平化,税收征管质效得到了不断的提升。从我国国内发展来看,税收征管能力还是跟不上纳税人的发展,税收风险的变化随着纳税人的变化存在于纳税管理的各个环节中。特别是我国经济高速发展带来纳税人户数急剧增长,基层税务机关"人少户多"的矛盾日益尖锐,有限的征管资源短缺不足,配置效率低下,征纳成本居高不下。这些矛盾和问题的出现,深刻地影响和制约我国税收管理制度的质量和效率。按照风险管理的基本方法,建立税收风险管理制度,对于不同的风险采取不同的应对措施,征管资源优先用于高风险的管理,进一步增强税源管理的科学性、针对性和实效性,促进征管工作质量和效率的提高。

(二)实施税收风险管理有利于适应税源状况变化的挑战

首先,受经济全球化的影响,跨国、跨地区、跨行业的大型企业集团相继涌现,税源国际化和跨区域化趋势日益明显,税源与税收征管发生了"两个冲突"的变化:即经济全球化与税收征管属地国际化的冲突和经济跨区域化与税收征管属地化的冲突。国际货币基金组织认为,经济全球化是指商品、服饰以及国际资本等跨国交易或者流动规模和形式的增加,各国经济之间的相互影响,使技术的迅速传播,经济之间产生了依赖性。而各种跨国公司的资本金是由母公司以及国外的分支机构组成,从而实现母公司对实体资产企业的控制,这也是必然导致税收征管制度必须适应时局变化。

其次,当前随着纳税人数量急剧增长,组织形式、经营方式、经营业务不断调整、日益复杂,呈现多样化、多元化趋势,传统的税收管理员属地划片管户难以满足税源变化需要,出现了"管户太多管不了、管户太大管不好"的问题,在税源管理中容易产生执法和廉政风险。

(三)实施税收风险管理有利于促进纳税人进一步提高税法遵从度

实施税收风险管理有利于提高税收管理的公平性。税收风险管理为了能够更好地实行,必须公平公正地进行,这不仅体现在税收法律对纳税人的公平条件,更体现在纳税机关工作人员在执行政策过程中的公平对待。为了提高纳税人遵法守法意识,在实施纳税过程中,对于依法纳税的人员与漠视纳税法律的人员应当采取不同的管理措施,这样可以提高纳税人遵法守法意识,依法缴纳税款,提高税法遵从度。税务机关建立税收风险管理机制,通过对风险进行识别、预测、评价,及时发现纳税人犯的错误,对于纳税人疏忽大意造成的无意识错误,可以采取积极提醒的方式,使其发现并改正;对于不遵守纳税法则的人,应当采取强制性的措施予以警告打击,以提高税收管理的威慑力。

(四)实施税收风险管理有利于保证我国税收的安全与稳定增长

为了能够稳定我国的财政收入,必须采取税收风险管理制度。纳税人的依法纳税是影响税收风险管理的关键,而税收风险管理的实行能有效预防并预测纳税人是否遵法守法,这样能够保证税收收入的安全、稳定增长,降低税收征收成本。

三、实施税收风险管理应注意处理的主要关系

推进税收风险管理工作,必须以科学发展观为指导,统筹处理好各方面的关系,创造良好的内部和外部环境。

(一)要处理好立足当前和长远发展的关系

税收风险管理是一项具有长期性、复杂性、艰巨性的工作,包括制度建设、指标体系、分析方法、风险识别、风险预警、风险成效等内容,是一个循序渐进的过程。在这个过程中,首先要科学合理地规划目标,将目标列入将要实行的计划中去,逐步进行实施,切不可急功近利。其次,管理的过程要充分展现税收风险的最优化和最大化。根据当前社会发展的现状,先在全国抽取一部分地区先行试用,总结其中的经验结果,对于出现的问题采取补救措施,进而完善管理过程。最后,投入广泛的实行。重要的是,要在

深入调查研究的过程中,科学地规划制定全国统一的税收管理策略和适合长期发展的规划。认识到税收风险管理是涉及税务管理工作各个方面的,税收风险管理也是税收管理改革和创新的一个重要组成部分。因此,在推进税收风险管理工作的同时,要树立统筹兼顾的意识,突出重点、长短结合,不断推进税收风险管理的各项工作。

(二)要处理好科学征管与优化服务的关系

税收风险管理包括税收外部风险管理,也包括税收内部风险管理,内外部的风险都是造成税法不遵从的原因。外部税收风险管理主要体现在税收风险管理的公平、公正方面,而对于内部风险管理主要表现在税务机关的规范执法上面。基于这两点,对于外部风险管理的因素,应该在执法过程中,对待所有纳税人应该持有公平对待的态度,以服务应对管理过程中的错误。规范执法是对纳税机关进行评估,对于一些常规性、普遍性存在的问题,应该力求纳税机关的规范解决过程。同时,加强防范税收风险的宣传,税务机关应该利用信息资源的优势主动帮助纳税人遵从纳税法律法规,在公开政策和程序的同时,帮助纳税人发现纳税评估过程和稽查过程中常见的不遵从的问题,提高纳税人的自我防范意识,自觉遵从纳税法则。

(三)要处理好风险管理与信息管税的关系

税收风险管理的过程实际上是征管业务与信息技术高度融合的过程,既要强调发挥信息化的支持保障作用,又要注重管理业务的创新。落实风险管理,涉及观念、机构、流程、机制、习惯的改变,必然需要业务上的重新组合,机构上重新安排,各种过程都需要调整以及重新规划,便于实现方式的转变。业务流程的设计要基于改善税源信息不对称状况,根据信息需求来规划税源信息的收集、传输、存储、加工、维护和应用等各项业务。业务是整个流程实施的关键,是技术建设的先导。在这个过程中,要加强业务与技术的相互促进融合。在征管部门内部,需要员工之间的相互协作,共同搞好业务的发展,同时更要跟其他的部门同事之间协作好。信息技术主要收集税收风险过程中的各种信息的融合,制定业务战略、完善业务需求,要注意吸收技术部门和相关人员参与,遵循信息化建设规律,考虑技术实现条件;开展信息系统建设,要掌握业务需求及发展方向,以业务需要为主导开展技术规划和设计。通过业务和技术高度融合,避免出现"两张皮"现象,切实提高风险管理的效能。

四、构建与企业特征相适应的税收风险管理体系

(一)从税收与企业战略目标发展趋势中寻求管理的思路

根据实践调查以及文献中企业形式的研究方面着手,企业通常可以从以下几个方面进行组织结构设置:按企业组织形式的不同,可以将企业分为独资企业、合伙企业和公司制企业;按照企业股权结构的不同,可以将企业分为独资企业和非独资企业;按照与母公司之间的控股和非控股关系,可以将企业分为控股企业和非控股企业;按照企业集团与所属企业的关系,可以将企业分为总部企业和非总部企业;按照所享有的法人地位和纳税责任,可以将企业设置为母子公司和母分公司;按照规模经济的观念,可以将企业组合为大型企业和中小型企业;按照多元化经营的思想,可以将企业分为工业企业、商品流通企业、建筑业企业等;按照企业经济性质的不同,可以将企业分为内资企业、外商投资企业和港澳台投资企业等;按照企业的价值链分工原理,可以将企业分为横向性组织结构企业和纵向性组织结构企业等;按照企业成长阶段的不同,可以将企业分为引入期、成长期、成熟期和衰退期的企业等。

政府要做好企业税收风险管理工作,引导和规范企业纳税行为,防范税收风险必须了解企业纳税行为与其战略规划之间的关

系,循着企业自身战略目标发展的走向,研究制定相应的管理对策。当前在针对企业特征进行税收风险管理中,可考虑从以下几个方面进行分类管理。

第一,按企业类型进行分类管理。包括分产业、分行业、分经济性质等,目的是为了分析和监管不同产业、不同行业、不同经济性质企业的纳税表现。

第二,按企业组织结构进行分类管理。包括有控制权和没有控制权企业;总部企业与非总部企业;不同区域的企业;跨国企业与非跨国企业;关联企业与非关联企业。这种分类管理的目的是为了分析监管避税和逃税行为。

第三,按照上市和非上市企业进行分类管理。这种分类管理的目的在于分析和监管不同类型企业的纳税状况,了解不同类型企业的纳税特点。

第四,按照企业规模大小进行分类管理。可将企业分为大型企业、中型企业和小型企业。这种分类管理的目的在于分析和监管不同规模企业的纳税状况,以便制定针对不同规模企业的有效管理办法。

第五,按照企业是否享受税收优惠政策及其执行情况进行分类管理。这种分类管理的目的在于分析和监管企业是否存在骗取国家税收优惠政策以及利用税收优惠政策进行避税的行为。

第六,按照企业管理水平(内控制度)的不同进行分类管理。可分为内部控制制度比较严格和非严格的企业。这种分类管理的目的在于分析企业内部控制体系对企业纳税规范的作用。

第七,按照企业是否处于垄断地位进行分类管理。可以将企业分为垄断类型的企业与非垄断类型的企业。例如,石化、电信、银行等行业。这种分类管理的目的是为了分析和监管垄断地位企业的纳税风险。

当然,从企业税收风险管理的角度还可以有其他的分类方法。总之,通过分类管理,才能实现企业税收风险管理的有效性。

（二）建立与企业管理水平相适应的税收风险管理体系

按照经验分析，避税行为一般是跨国公司等管理水平较高的公司行为；逃税行为主要是管理水平相对较低的管理公司所为。因此，政府应该根据不同管理水平的企业采取不同的监管措施，政府在人才培养方面必须加大对税务专业人才的招收，可以在税务机关内部培训高级税务管理师，并与其工资挂钩，这样可以激励税务人员的积极性与专业知识的学习，最终使整体税务机关的水平提升。同时，要改变现有的税务部门用人机制，改革人事管理制度，将真正有水平、懂专业的人吸收到税务部门来。只有税务人员的专业水平提高了，才能有效监管企业纳税状况，防范税收风险。

（三）探索激励企业依法纳税的办法

针对不同企业的纳税状况分析中，可以清晰地看到，企业纳税状况呈现出不同的特征，一方面表现在区域差异方面，另一方面表现在同一区域的不同规模、不同经济性质企业、不同行业之间的差异，即使在同一行业中不同企业也表现为不同的纳税特征，这说明企业纳税是多因素综合作用的结果。在企业内部，它既受企业利益相关者的影响，同时也受到企业内部管理层纳税观念、纳税对其自身利益相关性的影响以及企业内部雇员的影响。在企业外部，还受到同行业竞争压力、公平竞争以及政府对税款使用等多种因素的影响。因此，企业纳税行为存在较大差异。政府应该完善企业纳税环境，建立激励企业依法纳税的机制，引导企业从根源上预先建立防范税收风险的体系。

（四）建立适应不同特征企业的纳税评估体系

由于各个企业的纳税状况呈现出不同的特点，所以政府在针对企业进行纳税激励的同时，还要考虑对企业纳税状况的了解、管理才能进行正确的评估，找到纳税可能出现的问题，以便有针对性地对纳税进行风险管理,并根据企业纳税表现制定相应的管理对策和办法。没有针对性地对企业出现的纳税状况进行改善,那么企业税收工作管理会越来越滞后,脱离企业原有的目标。政府税务管理部门需要探索针对不同特征企业实行不同的税收管理办法,同时通过税收与经济指标相关性分析,在借鉴国外经验的基础上探索适合中国国情的纳税评估体系。

第三节 税收风险管理的目标、流程与措施

要自上而下地开展税收风险管理,关键是要建立一个集风险信息汇总、风险识别、风险任务推送、应对结果评价等职能于一身的风险分析监控管理部门,并使它成为全局的风险管理指挥中心,才能有效推动风险管理的开展。由于我国幅员辽阔,各地税务机关管辖地域、社会经济发展、信息化建设、专业人才储备等实际情况不完全一致,推行实施税收风险管理的组织机制设置不能搞"一刀切",要结合本地实际情况选择适合的机构模式,有利于提高组织的运行效率。

一、企业税收风险管理及其目标

为了适应当前社会的新形势,企业应树立纳税遵从意识,重视企业日常税务管理工作。实现较高的纳税遵从必须基于三个条件:一是纳税人对国家税法有一个全面准确的了解,对企业税收管理环节以及应承担的纳税义务做到心中有数;二是纳税人对税法的合法性与合理性有正确的认识,纳税人的价值追求与税法的价值目标相一致;三是能够意识到采取违法、非法等手段偷逃税款会给自己带来很大的纳税风险。

(一)企业税收风险管理

风险管理一词是加拉格尔(Gallagher)于 1950 年在其调查报告《风险管理——成本控制的新阶段》中正式提出的。而对风险管理做出确切定义的是美国著名风险管理学家威廉姆斯和汉斯,他们在《风险管理与保险》一书中指出:风险管理是通过风险的识别、衡量和控制,以最低的成本使风险所致的各种损失降低限度的管理方法。目前,关于风险管理,我国学术界比较认可的较全面的定义是:风险管理是研究风险发生规律和风险控制技术的一门新兴管理学科,各经济单位通过风险识别、风险衡量、风险评价,并在此基础上优化组合各种风险管理技术,对风险实施有效的控制和妥善处理风险所致损失的过程。风险管理的核心是降低损失,风险管理的目标是以最小的管理成本获得最大安全的保障,以减少风险造成的损失和对环境的不利影响。

不同领域的管理者对风险管理过程的划分不尽相同,如美国系统工程研究所(SEI)将风险管理过程划分为:风险识别(Identify)、风险分析(Analyze)、风险计划(Plan)、风险跟踪(Track)、风险控制(Control)和风险管理沟通(Communicate)。美国项目管理协会(PMI)将风险管理过程划分为 6 个部分:风险管理规划、风险识别、风险定性分析、风险量化分析、风险应对设计、风险监视和控制。

税收是国家财政收入的主要来源,是国家赖以生存的重要手段。随着我国经济的不断发展,财政收入的不断增长,税收工作的重要性日显重要。为了保障国家的财政收入,预防出现逃税偷税现象的发生,税务机关在不断加大打击这类状况的发生,对企业制定反避税措施。并不是所有的企业都会产生逃税的心理,当企业发展日益壮大起来,为了企业的稳定安全发展,需要依法纳税,但是在实施过程中,却不能够做到。税收为什么会影响企业的发展,企业为什么会产生这种不规范的税收行为,企业需要在怎样的税收环境下才能得以发展起来,企业在经营中如何规避风险、规范税收行为才能使企业更好地发展。面对所有长期困扰企业的税收问题,税务机关需要帮助企业走出税收误区,使企业真正掌握税收管理的方法,提高规避风险的能力,做到依法纳税。

税收风险是企业生产经营过程中所遇到的众多风险中的一种,与其他的风险具有相同的特质和不确定性。税收风险管理,就是在风险不确定发生的状况下,对风险发生的可能性进行预测并采取有效措施,将风险控制在企业可以接受的范围内。税收风险可以定义为:在合理的范围内,在企业的各类税收事项进行事前筹划、事中控制、事后反馈以及监督改进,通过有效的风险管理措施,对税收风险进行识别和处理。

由于企业税收风险的发生受到内、外部环境的影响,因此税收风险管理作为一个过程,应随着企业内、外部环境的变化而进行适当的调整,定期对税收风险进行评估,确定企业新的风险点。为了全面实施税收风险管理,企业应对税收风险管理组织、税收风险识别和评估、税收风险应对策略和内部控制、信息与沟通、监督和改进等问题进行明确,既要结合企业短期目标的实现,注重短期发展,也要帮助企业可持续发展,注重税收风险管理体系的建立。

以企业角度的税收风险管理就是通过对税收风险的识别,分析造成税收风险的因素,确立风险形态,估测可能造成的税收流失、税收管理责任等后果,从而有针对性地采取措施,实施监督控制,防范并减少税收风险,提高纳税遵从行为。

(二)企业税收风险的管理目标

1.目标管理的重要性

目标是个人、部门或整个组织所期望的成果。最早提出"目标管理"理念的是美国的管理大师彼得·德鲁克(Peter Drucker),他在《管理实践》中提出"目标管理和自我控制"的主张。人只有先有了目标才能决定想要干的工作,并不是先有工作,而是先有目标。在任何的一个领域中,如果没有目标,那这个领域就没有为之奋斗的目的,所以应该先建立一个可以实行的目标,企业的使命和任务,必须转化为目标才能有效进行。因此,管理者应该通过目标对下级进行管理,当组织最高层管理者确定了组织目标后,必须对其进行有效分解,转变成各个部门以及每个人的分目标,管理者根据分目标的完成情况对下级进行考核、评价和奖惩。

目标管理是一种程序或者过程,是由企业的上级领导人和下级员工一起协商,根据是否可行,制定一定时期内能够实行的总目标。目标的形式多种多样,但总的内容是一样的,可以根据目标的大小分成各个组织或者个人独立完成等方式,最后根据完成的情况进行评估、奖励。目标管理指导思想上是以理论为基础的,即认为在目标明确的条件下,人们能够对自己的行为负责。具体方法上是对科学管理的进一步发展。

目标管理技术的应用影响了各个发展中的国家,首先是在美国开始实行,由于当时社会因素的影响,目标管理的出现极大地改善了当时经济的发展,迅速被日本、西欧等各个国家纷纷效仿,一时间目标管理理念在企业管理领域迅猛发展,目标管理应运而生。目标管理的出现,极大地调动了员工的工作积极性,企业在发展过程中不断提高行业的竞争能力。企业目标可分为战略性目标、策略性目标以及方案、任务等。目标管理方法提出后,美国通用公司最先采用,并取得显著的效果,目标管理的实施与推广,被公认为是一种加强计划管理的先进科学管理方法。我国于20世纪80年代在企业中推广。

目标管理与传统管理方式相比有鲜明的特点,可概括为以下三个方面。

第一,重视人的因素。目标管理是建立在人们共同参与的条件下,遵守自主、平等、尊重等条件,是自我控制的管理制度。管理制度的实施需要将个人与组织目标结合起来,在实施的过程中,领导与员工是处于一种平等的状态下,员工在接受管理时是自觉接受的。

第二,建立目标锁链与目标体系。目标管理是通过专门的设计过程,将组织目标从一个完整的大目标分解成为多个单位、各员工之间的分目标。在组织目标的分解过程中,已经明确了企业单位目标与部门目标和个人目标,这三者之间的权、责、利的关系是相互对称、制约的。这些目标之间的方向是一致的,每个员工与整个企业的发展也是紧密相连的,只有员工与企业相互合作,形成统一的一个流程阶段,整个企业的总目标才能完整地发展。

第三,重视成果。目标管理的最终目的是企业的发展成果和企业总体水平的提升。企业的提升不仅体现在企业的发展中,而且包括整个企业员工整体水平的提高,这也是设立人事考核和奖评的依据。目标的完成过程,在于员工的自我进行,上级领导不过多干预。所以,在目标管理制度下,控制目标的实现能力很强,监督的成分很少。

目标管理是现代社会企业管理中比较实用、比较流行的管理方式之一,是在企业发展的过程中,制定出相应的目标,有利于企业集中发展团队协作的精神,明确方向的特点,是企业在发展道路上必须执行的有效手段。能够有效提高企业的工作效率、实现企业快速的发展。搞好目标管理必须遵循以下四个原则。

(1)目标制定必须科学合理

目标管理的理念是目标的制定必须符合科学发展观,不能超出预期的结果,不能在脱离社会现实的条件下进行。科学合理的目标在进行过程中是符合当前企业发展的,不现实的目标一方面会影响工作的进行和成效,另一方面则会使目标管理失去自身的意义,影响整个企业的发展。

(2)督促检查必须贯穿始终

目标管理,其关键在于管理。在管理的过程中,任何的一个小问题或者差错都会导致出现重大的危害,作为企业的管理者,必须实施监督,跟踪企业每一个目标的进行,在问题可能出现的时期就制止并采取措施,确保企业目标在正确的方向下顺利实现。

(3)重视目标实现过程中的成本控制

目标管理以目标的达成为最终目的。在目标管理计划的初期首先会计算出一套目标进行过程中所需要的成本预算。任何目标的达成都是需要成本的,特别是目标在计算好之后,在实施阶段会产生的风险问题以及企业所出现的状况,都是导致目标成本上升的原因。往往责任者会采取其他的应急措施,这也是需要成本的。所以,在目标的实现过程中要严格控制成本,既要保证目标的实现,又要控制成本在所能承受的范围之内。

(4)考核评估必须执行到位

任何一个目标的达成或项目的完成,都必须有一个严格的考核评估。企业必须选出一个执行力很强的员工,严格按照目标管理的方案,对员工进行严格的考核、评估、验收并做出结论,对目标完成度高、成绩突出、绩效显著的个人及团体都应该表彰;而对于目标完成度不是很高,甚至影响了整个团队工作进行的个人或者集体都应该采取惩罚措施,达到奖罚分明的目的,奖励先进的,惩罚落后的,这些都体现了目标管理方面的重大意义。

2.企业税收风险管理目标及其意义

税收风险管理的目标主要有企业的经营目标、财务目标和税务遵从目标,具体包括:企业的经营目的要符合税务规划的税法规定,企业的经营决策和日常的经营活动要符合税收要求,严格按照税法的规定执行,对税务事项的会计处理符合相关会计制度或准则以及相关法律、法规;纳税申报和税款缴纳符合税法规定;税务登记、账簿凭证管理、税务档案管理以及税务资料的准备和报备等涉税事项符合税法规定。税收风险管理主要是从成本效益的角度出发,将企业有限的资源用于最重要税收风险的控制,避免企业遭受不必要的经济损失和声誉损失。

企业税收风险的管理目标就是要实现涉税零风险。对涉税零风险状态的实现也是纳税筹划追求的目标之一,原因如下。

（1）可以避免发生不必要的经济损失

在纳税人将企业税收安排不合理的情况下，就会出现企业账目不清楚，就不能正确地缴纳税费了，很容易被认定为是逃税的行为。逃税行为会给企业以及纳税人带来一定的经济损失，严重的还会被追究刑事责任。

为了有效确保企业中不会出现严重的损失行为，也是为了确保企业健康稳定的经营，有效的内部控制是必要条件。如何确保企业内部控制的进行，以及在遵守相关法律、法规的情况下，保持企业的发展后劲，税收内部控制体系的建立、维护、评价和报告是企业经营者的重要责任。每一个企业的发展都少不了企业的内部控制管理，为了企业能够长久有效地发展下去，建立健全的税收内部控制制度是减少企业经济损失的有效保障。

（2）实现涉税零风险可以避免发生不必要的名誉损失

在商品经济发展的社会，一个企业的名誉与商品的地位是需要一个企业去经营的，企业的品牌越好，商品在社会上的地位越高。一旦企业出现损失，则这个商品的价值就会一落千丈，也会影响品牌的名誉。在企业发展的过程中，出现逃税漏税行为，或者直接构成犯罪行为，都是影响企业发展的重要因素。商品的产量急剧下降，公司的股票价值下跌，直接影响了企业的利益。纳税人的账目不清或纳税不正确，也可能是因为纳税人根本就没有意识到或是对税法的了解不够而导致的。但无论如何，都会导致纳税人名誉上的损失。除此之外，逃税行为的认定还可能会导致税务机关更加严格的稽查和更加苛刻的纳税申报条件及程序，从而增加了企业及个人的纳税申报时间及经济上的成本。

对于不同国家的纳税机构，对纳税人是否纳税都是有不同的纳税申报程序的。例如，对于从来没有发生逃税行为的纳税人实行蓝色的申报（申报单为蓝色），而对曾经发生过逃税行为的纳税人实行黄色申报。有的国家直接从纳税发票上实行策略，是否出现过逃税、漏税行为的人直接可以通过发票单看到。这种条件上的限制使纳税人逃税的名誉成本非常之大，因而实现涉税零风险就显得极其必要了。

3.有利于企业的健康稳定发展

纳税人经过纳税筹划，实现涉税零风险，这样可以减少企业在运转过程中出现不必要的经济和名誉损失，让企业的账目明细更清楚，有利于企业经营活动更好地进行。用好的方式经营企业，企业的经营活动会更好、更快地发展。从企业管理角度出发，实现涉税零风险应位于纳税筹划目标体系之中。企业经过税收风险管理，在企业运行中控制了企业所需的各项成本费用，降低了风险的发生，也解决了企业在管理上出现各种混乱的现象。经过税收风险管理，使企业账目清楚，纳税正确，心境坦然，这其实也是一种收益。

二、税收风险管理的主要环节

整个风险管理主要由五个阶段组成，分别是目标规划、风险识别、风险等级排序、风险应对和绩效评价。目标规划是整个管理的构架，风险识别是对于风险的途径的认识，风险等级排序是根据风险问题的大小认识税收风险，风险应对就是对出现的风险进行处理，绩效评价是基于对税收风险的再认识对整个税收风险管理工作进行评价和修正。

（一）目标规划

目标规划是指在企业管理层做出的谋划，是在了解当前社会发展的环境下和清楚企业内部条件的情况下，对税收风险管理的工作目标、阶级重点、方针策略、主要措施、实施步骤等做出的系统性的计划。包括风险管理过程中出现的几个环节等目标安排和重点工作的执行，在企业需要的情况下，对企业知识进行培训、了解企业的信息、其他保障等重点工作安排及目标要求等。

（二）风险识别

风险识别是指企业在实施计划的过程中，对可能出现的风险因素进行分析，识别税收风险发生的具体目标。企业的纳税信息是开展风险识别的重要基础，风险识别机制是在外部信息的获取上依赖于社会协作，新的立法机制的建立，政府部门以及行业协会和其他组织等各方面的支持配合，依赖一个比较健全的情报管理机制，这个情报管理机制是需要集中管理上下互动的税收风险管理体系。

（三）风险等级排序

风险等级排序与时间发生可能产生的风险结果有关，处于风险结果损失的影响，损失的结果大小是运用税收政策、征管方法、信息化手段、统计学技术对税收风险进行深度剖析，税收风险值就是根据这一规律找出的。

（四）风险应对

风险应对是指在出现税收风险的情况下，纳税人通过正确的分析，遵从正确的税收法律，做出相应的对策。为了避免税收风险的出现，降低风险出现的几率，风险应对主要采取的是避免、减少、转移和保留等基本策略。在实施税收风险应对中，避免是最佳方法；减少是使用最多的方法；转移是基于法律的手段，如纳税担保；保留是时机不成熟时的选择，但同时必须做好应急方案。应急的备选方案也是在风险出现时的一种手段方式，所以在预测风险的出现时需要准备可以备选的其他方案。

（五）绩效评价

税收风险管理的绩效评价，是对风险管理过程中的各个环节的重新审视，得出新的税收风险管理结论。税收风险是否正确，处理是否得当,都是税收风险管理过程中必须注意的问题。同时,税收风险管理还将在风险的处理过程中寻找新的目标,从而最终完成整个税收风险管理的循环。

实施税收风险管理,一是要树立起风险管理理念;二是要采取对风险的认识,提高风险防范意识;三是要加强对风险信息的宣传和采集;四是要能够及时发现风险;五是要对风险高发区域实行实时监测,避免风险的出现;六是要根据税收风险的问题,及时处理并对相关的法律、法规进行修整和完善。综上所述,税收风险管理就是帮助整个税收风险机关找到合理的配置资源管理的最大结合点。

三、税收风险管理的实施原则

由于不同特征企业的股权结构不同、所享有的政治特权地位不同、企业内部的委托代理关系不同、企业内部业绩评价方法不同、企业享受的税收优惠政策不同以及企业经营者的纳税意识差异等众多因素影响,不同企业所表现出的税收风险也会存在差异。而了解上述不同因素可能对企业税收风险的影响,就可以有针对性地做好税收风险管理工作。

(一)流程化、标准化管理原则

借鉴发达国家税收风险管理的实践经验,税收风险管理的流程基本上分为以下四个阶段。一是要根据发展制定科学合理的风险规划措施以及方案;二是要利用手中收集的信息数据,对风险进行识别分析,并预测可能发生的风险;三是要实施税收风险差别化的应对控制;四是税收风险管理绩效评价和修正改进完善,形成周期性不断循环的良性闭环运行系统。在实际工作中,应当严格按照科学的操作流程进行,对于各个部门的工作之间相互配合,相互衔接,共同进步,有效推进工作的实施。同时,建立各阶段的管理目标和管理标准,按照流程化、标准化的管理原则规范性运作。

(二)差别化、递进式管理原则

差别化、递进式的管理流程要求对不同等级的风险纳税人采取不同的纳税方式。低风险或者零风险的纳税人采取优化纳税服务和纳税辅导、风险提醒等服务方式;对中等偏高风险的纳税人实施案头审核分析和税务约谈等方式;对高风险纳税人采取税务检查或立案稽查等方式,进行风险应对。随着纳税等级的不同,纳税风险也在不断变化,对纳税人的遵从度也从比较柔性的管理方法到实时监控的阶段,最后对不遵从纳税法规的行为,采取刚性执法的手段,并坚持执法力度和刚性逐渐加大的税收风险差别化、递进式的管理原则。一方面,对无风险、遵从度高的纳税人应当给予鼓励和遵从激励,积极提供优质、便捷、有针对性、个性化的纳税服务;对遵从度较低的纳税人,应当予以适度容忍,并加强纳税辅导,给予及时提醒,提供纳税人自我遵从的机会;另一方面,针对不遵守或者严重违背纳税法律的纳税人,加大对这类纳税人的打击与震慑,有效控制纳税人的税收风险,提高税收风险管理的针对性和有效性,实现真正意义上的管理和服务有机结合,推动纳税遵从度和纳税人满意度的提高,防范和控制税收流失风险。

(三)防范胜于控制的管理原则

税收风险管理是对纳税人遵从风险发生的可能性和不可能性进行的管理,是一个系统的管理过程,包括事前、事中和事后的全过程管理。事前管理是风险出现的初期,对风险可能出现的环节以及可能发生的因素进行防范,包括税收政策等的宣传和风险监控分析;事中控制主要是从纳税人的自我修正方面,是否对纳税法律、法规的执行上进行的一种分析,对纳税人涉税事项风险及时进行提醒;事后控制则主要是风险发生后的税收检查和税务稽查等管理活动。事中和事后的管理侧重税收风险的及时有效控制和排除。应坚持加强税收风险的前期管理,对于风险会出现的可能性进行预防,加强事前和事中管理,构建科学合理的防范体系,加强对纳税人的自我评定能力,构建科学有效的税收风险分析预警监控系统等,尽力把税收风险控制在萌芽状态,有效防范和规避税收风险的发生,这样即使发生了也能及时得到有效控制和排除。

(四)人工管理与计算机信息技术相结合原则

高效的税收风险管理离不开计算机信息技术手段,对于基础性的要素管理,各种风险管理的制定规划,制度方案的制订,对税收风险的评估,各地税源环境的调查分析,税收风险指标的优化与完善,各种不同的案例分析都是需要科学的人工管理得以实现和提升的。所以既要发挥计算机信息化技术在信息采集、过程管理规范和风险分析监控等方面的优势,更要发挥税务人员的主观创造性和实际管理经验方面的优势,实现业务和技术的充分融合,切实提高税收风险管理的整体效能。

四、税收风险管理在中国的发展

风险管理(Risk Management)是指如何在项目或者企业一个肯定有风险的环境里把风险减至最低的管理过程,是通过对风险的认识、衡量和分析,选择最有效的方式,主动地、有目的地、有计划地处理风险,以最小成本争取获得最大安全保障的管理方法。当企业面临市场开放、法规解禁、产品创新,均使变化波动程度提高,连带增加经营的风险性。良好的风险管理有助于降低决策错误的几率,避免损失的可能,相对提高企业本身的附加值。

(一)中国税收风险管理的发展趋势及特点

近年来,中国的企业逐渐增多,不管是国内的还是国际化经营,已经成为一种常态。随着企业的增多,企业效益的不断增强,企业将会涉及的风险也在不断加大,不少公司企业因为风险防控不严导致企业陷入"涉税门",很大程度上影响了企业的声誉以及企业未来的发展。

1.市场需求下的风险管理

随着我国市场经济的不断发展,纳税主体日益多元化,纳税人需要遵守的风险无处不在,对税收风险管理的要求也越来越强烈。征税范围由以前的经济领域征税变成了面向全社会征税,税收管理范围日益加大,越来越多的纳税问题不断涌现出来,纳税主体的多元化和差异化数量增多且层出不穷,导致税收机构的征税工作难度加大。个体的收入来源不一,收入分配差距越来越大,纳税人流动性增加,都是导致征税机构工作难度加大的原因。经营方式多样化、经济业务和交易手段不断创新,涉税业务日益丰富,企业投资多元化,导致涉税行为复杂化、专业化、隐蔽化,税收信息不对称问题明显加剧,各种问题迎面而来。

2.快速发展导致新的税收风险的产生

新经济条件下,随着发展快速的企业不断出现,大型的以企业集团为主要关联交易影响企业所得税和货物劳务税的避税风险,国际贸易化的增长,各个行业电子商务的不断发展,就业模式的不断变化,合同数量的增长,经营方式结构的不断创新,各种信息化、网络化经济的不断兴起,国际化汇率波动增加,这些都大大地增加了税收遵从风险。

3.税务机关面临的税收制度和税收执法风险日益突出

随着经济体制的不断改革,我国在税收执行过程中的问题不断出现,并且日益显现。税收制度的改革首先体现在税收过程中,不断发现问题,并且在发现问题的过程中找出解决的办法,使税收制度稳步推进。由于我国当前的税收制度有些过于原则化或者空缺,自由裁量权过大,导致我国税收制度风险较大。地方政府干扰、各种名目的税收筹划、纳税人负担较重、遵从成本较高、税法威慑力不够强、违法成本较低、地方风俗和习惯等因素都可能导致税收执法风险。

4.直接税税收收入占比将越来越大,个人、中小企业风险管理重要性日益提升

对于税收业务,减少间接税,以直接税为主题,特别是个人所得税,是世界税收制度变迁的一个重要方向,在发达国家,个人所得税占国家税收的比重一般都高达 40% 以上。例如,2008 年美国个人所得税占联邦税的 57%。虽然我国目前的个人所得税收入占税收收入的 7%,但是我国的个体经营者、中小企业的不断增多,发展起来也比较快速,实现纳税主体的税收风险管理,对加强税收征收管理具有现实和长远的意义。

5.“人少户多”将是税收风险管理面临的长期挑战

“人少户多”是税收风险管理和银行风险管理面临的共同挑战。对税收风险管理的发展历史、现状和趋势进行了分析,并借鉴商业银行风险管理的成果和经验,提出了在组织架构、数据质量基础、量化管理技术、流程再造、风险预警、内部控制等方面对税收风险管理体系建设的对策建议。将有限的征管资源优化配置到风险高、税款流失可能性较大的地方,最大限度地促进纳税遵从度的提高,是税收工作越来越强烈的内在要求。

(二)中国进行税收风险管理的必要性

当前我国政府机关正在从“管理型”向“服务型”转变。纳税人履行纳税义务,一方面是期望从政府部门获得高质量的公共产品;另一方面更希望从税务机关得到高效、高质量的服务和建议,希望税务机关的服务更加人性化,能够有一个畅通的渠道解决他们提出的问题,从而在他们发生错误时能够得到税务机关的提醒

并及时纠正,以防范和化解他们自己的税务风险。面对纳税人的新要求,税务机关必须更新管理理念和方法,建立税收风险管理机制,通过对风险的识别、估测、评价,可以及时发现纳税人的错误,对于因纳税人疏忽造成的无意过错,可以善意提醒,使其尽早纠正;对于故意违反税法的问题,则可以采取相应的法律措施予以打击,以提高税收管理的威慑力。因此,在我国推行税收风险管理尤为必要。

1.实施税收风险管理,可以提高税收管理效率

税收风险管理包括对当前风险和潜在风险的确认两个层面。通过对当前税收风险的确认,可以促使税务部门对不同风险程度的纳税人实施不同的管理措施,加强税收管理的针对性,提高工作效率;通过对潜在税收风险的确认,可以建立税收风险预警体系,加强税源监控,防止税款流失。同时,税务部门的税收风险预警体系对企业也会起到警示作用,可以促使企业依法纳税。

2.实施税收风险管理,有利于提高税收管理的公平性,提高纳税人的税收遵从度

纳税人通常希望税收管理更加公平、高效。这里的"公平"不仅包括税收制度对纳税人公平对待等"硬公平",还包括税务机关在政策执行过程中的"软公平",而纳税人对后者往往更加关注。这里的"软公平"是指不同的纳税人对税法采取不同态度时,税务机关能够相应地采取不同的管理措施,对依法纳税和漠视税法的人可以进行鉴别,并能够区别对待,对不履行纳税义务的人采取强制措施。这样可以鼓励纳税人依法纳税,提高其税收遵从度。

3.实施税收风险管理,有利于保障税收的稳定和安全

政府部门通常要求税收收入能够安全、稳定的增长,并希望税务部门能够以最小的成本实现税收收入。实施税收风险管理,

能够事先预测并控制由于纳税人不依法纳税而给税收收入带来的不稳定、不安全等隐患,降低税收征管成本。

4.实施税收风险管理,有利于有效整合税收征管资源

风险管理具有导向作用,通过税收风险管理,对不同程度的风险采取与之相适应的管理和服务措施,有利于税务机关根据风险管理的要求、程度,对税收征管技术、人力、信息等征管资源进行整合,从而提高征管资源使用效率。

中华民族是一个伟大的民族,在我们民族变迁的进程中遭遇过许许多多的危机,我们都走过来了。正如温家宝同志所说:"一个民族在危难中可比平时学到更多的知识、学到更多的道理、学到更多的科学。一个民族在灾难中失去的,必将在民族的进步中获得补偿。"危机和机遇同在的风险管理观,就是把引导式的东方管理特征和防范式的西方管理特征融合在一起。

(三)新经济时代税收风险管理的方向

新经济模式向传统的税制提出挑战。税源在哪里?在传统税制下找不着税源,是当前税收管理面临的最大风险。"互联网+"新经济模式带来了数字经济和经济全球化发展,由此将带来经济社会活动乃至经济运行模式的颠覆性变革:一是经济效率的推进驱动由传统的"专业分工式"转变为"市场资源网络高效整合"来实现;二是市场价格机制由传统的规模效益定价模式转变为个性需求市场价格快速反应实现,并有效避免供过于求;三是个性需求定制使企业规模趋小甚至个体化,并影响企业内部管理模式。

1.变革对税制产生的影响

一是纳税主体随市场主体的多变而呈现复杂化和难以控制。信息技术的快速发展,影响的不仅是商品买卖,市场主体也随时

在重组和兼并,并涉及跨国重组。纳税人随时在变化,税收管理难度和复杂性大大增加。

二是互联网与传统产业相融合,经营模式复杂,税源难以分割。新业态改变了有形商品的生产和销售模式,经济活动的复杂化和经营形式的多样化,使税务机关对税基的控制难度加大。

三是常设机构和固定营业场所的关系变得模糊不清,税权划分复杂化。尤其是非居民可以不在境外设立常设机构或固定营业场所,而可以通过其设在居住国的门户网站或第三方电子商务平台,直接向境外个人客户销售货物或提供劳务。这样的经营活动,使税源的发生地变得模糊不清。

四是税源与价值创造地分离,利润归属难辨,尤其是国际贸易和国际经营活动的利润归属问题。

传统的以产业分类为基础的经济结构,由产业划分行业再细分为经济单元,即相应的企业,以专业化分工的方式促进生产效率,推进经济和社会的发展,这一时期的网络仅仅是促进效率的手段和工具。进入以大数据为特征的新经济时代,经济基础是网络资源,几乎所有的商务活动和社会交互活动都根植于网络资源,在此基础上发展出个性、互融、混营并存,再分不出行业、产业和经营主体。在这种新经济模式下,传统税制再找不到适用税率的行业、纳税主体和相应的税基,甚至再见不到现金,理不出相关的结算关系。新经济模式向传统的税制提出挑战。税源在哪里?在传统税制下找不到税源,是当前税收管理面临的最大风险。

从征管工作来看,找不到税收实现的环节和利益主体,如何确定适用税率、纳税人划分标准、优惠适用关系和税负承担主体等法律关系?相关的征管制度和手段,与信息变革导致的经济方式转变不匹配,是当前征管工作面临的最大风险。

2. 新经济时代防范税收风险的基本路径

新经济时代防范税收风险的基本路径,笔者认为,应从优化税制、明确法律关系和采用先进的技术手段三个方向并进，方能统筹实现。

一是优化税制。传统的经济内容可由生产、流通、分配、消费四个环节明确地划分，并作为税制建设考虑税源环节的基础依据。我国现行税制凸显生产和流通环节征税，再向分配、消费环节转嫁，形成复杂的重复征税体系，以确保财政收入，但税负计算复杂，征管程序烦琐。经济发达国家税制设计偏重分配和消费环节，体现价值实现后的分配和消费关系，遵从税收经济原理，同时也避免重复征税，更显税制简洁，方便征管。

新经济模式下存在行业混营、经济主体不明、产品与服务轮廓不清等一系列问题，但人的基本因素是不变的，其生活、娱乐、社交活动消费是必需的，由此决定在复杂的新经济模式下管住税源要以"人"为本，税制设计要从人们取得的收入和消费做文章，确立所得和消费两大税系。过去以生产流通环节为征税基础，是因为当时的技术手段和管理措施管不住自然人及其手中的现金。目前，由于一照一码与账户的对应关系以及先进的网络技术手段，以"人"为本管住现金已不再是难点。

二是明确责任与义务。新经济时代，税务机关不应再将自己定义为收税机关，而要作为管理机构发挥政府效用。税收征管法规定的上百种征管事项，原本在相关的税法或条例中已经明确为纳税人的责任与义务，但由于强调"征管"责任，淡化了"缴纳"义务，税务机关因此承担了更多的执法风险。比如，《中华人民共和国增值税暂行条例》明确从事生产与销售商品和劳务负有纳税义务，结果发票管理相关规定的出台，让纳税人误解为必须伴随发票这样的第二条件才要纳税，形成了现在有票才有税的现象。当税制简化为所得和消费两大税系，法律制度要以"人"为本管住消费支出和取得收入环节的资金信息流，明确相关的涉税法律责任与义务关系，对每一笔交易通过价税分离原则直接扣缴入库。

三是采用先进的技术手段。进入"互联网＋"时代，互联网不仅是新经济的驱动力,实际已经发展成为经济的主要资源和要素。这时期的网络技术发展,会始终以客户需求为动力走在技术的前端,税收管理需要做的就是把税务工作融入现成的网络资源中。

第二章 我国现行税制与税收风险

国家为了实现宏观调控,对不同的经济活动和纳税人做出了不同的纳税规定。只有了解税制工作,才能对税收风险有所规避。

第一节 我国现行税制概述

税收制度的全称为税收法律、法规制度,简称"税制",是各项税收法规和征收管理制度的总称,是明确国家与纳税人在征纳税方面的权力责任/权利义务关系的法律规范的总称。

一、税制的含义

税收制度的含义既有广义的,也有狭义的。在广义上税收制度是指国家以法律形式规定的税种设置及各项税收征收管理制度,通常包括税法通则,各税种的基本法律、法规、条例、实施细则、具体规定和征收管理办法等。在狭义上税收制度是指国家设置某一具体税种的课征制度,由纳税人、征税对象、税率、纳税环节、纳税期限、税收优惠、违章处理等基本要素组成。

国家制定税收制度是为了将国家与纳税人两者之间的征纳关系明确下来,通过将其法律化、规范化,使其成为国家纳税人必须共同遵守的法律准则。税收制度的制定有两个方面的作用,一是使纳税人履行纳税义务,二是使征税机关得到制约。

税法和税收两者是紧密相连的,税法是税收的法律表现形式,税收是税法所规定的具体内容。在国家存在的前提下,通过税收,国家来对社会剩余产品进行分配。为了实现和更好地发挥税收的分配职能,就需要有相应的税收制度来进行相关的规范。一个国家的税收制度和它的生产力发展水平、生产关系性质、经济管理体制以及税收的作用等紧密相关。在不同的国家发展阶段里,税收制度是不同或不完全相同的。符合经济发展规律的税收制度会促进社会生产力的发展,反之,税收制度则对社会生产力的发展起到阻碍作用。

二、税收制度的演变和发展

各国的税收制度都不是最开始就是完善的,都需要有一个发展过程,需要经历由简单到复杂、由不完善到逐步完善的发展过程。

(一)简单的直接税税制

在奴隶社会、封建社会,国家的税收多来自对人和对财产的征税,这是典型的直接税,税种主要有人头税、土地税、青苗税、房屋税、窗户税和灶税等。

(二)以间接税为主的税收制度

封建社会时就已经有许多国家采用间接税,但从总体上来分析,其征收范围并不广,在政府财政和经济中的地位也并不突出。到了封建社会晚期,尤其是社会发展到资本主义,社会生产力的不断发展在客观上为国家实行间接税提供了良好的条件,逐渐使间接税代替了传统的直接税。

(三)以所得税为主的税收制度

由于资本主义生产力和生产方式的不断发展,使得以间接税为主的税收制度无法满足资本主义经济发展的需要，这就需要资本主义国家（政府）创建一种新的税收制度。因此，产生了现代所得税制。

(四)现代税收制度及其发展趋势

在确立现代所得税制后，由于经济环境发生改变，20世纪80年代以后，税制变成"简化税制，降低税率，扩大税基，加强征管"，尤其是所得税制的不断改革，税收的国际协调也成为当今世界共同关注的一个重要问题。

上述的税收制度发展过程是西方发达国家税收制度演变的历史，它反映了税收制度的总体演变历程。但在一些国家中，尤其是一些发展中国家，其税收制度的发展历程与以上的发展阶段并不完全一致。在现代国家中，为了对税制进行优化，充分发挥各个税种的相互作用，各个国家都以本国的国情为基础，对税制进行了改革。总体发展趋势是实行以直接税为主的国家开始考虑改进间接税，而实行以间接税为主的国家也在引进现代所得税，这就最终使得各国的税制日趋一致。总的来看，就是税制朝着以现代直接税和现代间接税为双主体的复合税制结构方向发展。

三、我国税收制度体系

税收制度体系是指国家在进行税制设计和设置时，从本国的实际出发，通过对不同功能的税种进行设计，形成一个科学的税收体系，在这个税收体系中主体税种要目标明确，辅助税种要具有自己的特色。主体税种和辅助税种在作用和功能上要做到相互补充。从当前来看，我国的税收制度体系有四个层次。

一是税收法律。是以法律程序为依据，国家最高权力机关制定的有关税收分配活动的基本制度。其法律地位和法律效力只是低于宪法，比税收法规、规章等法律地位和效力都要高。

二是税收法规。是在国家最高权力机关的授权和自身的职能范围之内,国务院以宪法和有关法律为依据,通过一系列程序和方法制定的税收活动实施方面的法律、法规。税收法规的效力要比宪法、税收法律低,但是要比税务规章的法律效力高。

三是税务规章。税务规章的制定是以法律或者国务院的行政法规、决定、命令为依据,在财政部和(或)国家税务总局职权范围内制定的,具有普遍约束性的税收规范性文件,在全国范围内对税务机关、纳税人、扣缴义务人及其税务当事人具有普遍约束力。

四是税务行政规范。税务行政规范是税务机关制定和发布的除税务规章以外的其他税务行政规范性文件的统称,通常来看,是税务机关对相关的法律、行政法规和规章做出的一些说明和解释。具体来看,是对法律、行政法规和规章的含义、界限以及税务行政中具体应用相关法律规范所做的具体说明。

四、税收制度的构成要素

(一)纳税人

所谓纳税人,指的是纳税义务人,它是税收制度的最基本的构成要素,这是通过税法直接规定的,是直接有纳税义务的个人和单位。通过对纳税人做出规定,解决了税收制度中由谁纳税的问题。在不同的税种中,其纳税人是不同的。纳税人可以分为自然人纳税人和法人纳税人两个大类。

(二)征税对象

征税对象是指税法规定的征税的目的物,也称课税客体。征收对象说明了对什么东西征税的问题,划分出不同税种的基本界限。在税收制度中,征税对象其是核心要素,它对各个税种的纳税人做出了规定,也对税种的税率做出了制约。通过征税对象可以区别出不同的税种,在确定税种名称时征收对象可以作为主要的参考依据。例如,以所得额为征税对象的称所得税,以车船为征税对象的称车船税等。为了筹集财政资金、对国家经济进行宏观调控,国家可以本国的客观经济情况来确定征收对象。从当前来看,世界上各个国家征税的对象主要是商品(劳务)、所得和财产三大类。

税目、计税依据、税源、税本等概念也与征税对象紧密相关。

税目是指征税对象的具体项目,它对一个税种的征收范围做出了规定,体现征税的广度。设定税目主要有两种方式:一是类别法,它是将同质的物品归为一类,如木制品、橡塑制品等。二是列举法,列举法有正列举法和反列举法之分。正列举法,即列举的征税,不列举的不征税;反列举法,即列举的不征税,不列举的都征税。划分税目大都采用列举法,即按照征税的产品或经营的项目分别设置税目,必要时还可以在一个税目下设置若干子税目。

计税依据是指直接计算应纳税额的依据。计税依据和征税对象两者是相互联系又相互区别的。计税依据是征税对象的量化。征税对象侧重于从质上对什么征税做出了规定,计税依据则是从数量上对征税对象进行计量。对征税对象计量的标准有从价计量和从量计量两种方式。

税源也称经济税源,是税收课征的源泉。税收是对国民收入进行分配和再分配的主要形式,从广义上来看,国民经济生产、流通各部门创造的国民收入是税收的主要来源。税收的多少由经济的好坏来决定。每种税都有各自的经济来源,即国民收入分配中形成的企业或个人的各种收入。各个税种都规定了具体的征税对象,各有其不同的具体税源。所以,征税对象与税源是两个密切相关的不同概念。如财产税的征税对象是财产的价值或数量,税源则是财产的收益或财产所有者的收入。所以,税收工作的重要内容之一就是要对税源的发展变化进行研究,这有助于制定税收政策和税收制度,开辟和保护税源,有助于提高财政收入,使税收的经济杠杆作用得到充分的发挥。

税本是指产生税源的要素。税源来自国民收入,是生产劳动者和生产资料相结合创造的,归根结底,生产劳动者和生产资料就成为产生税源的根本要素,也就称为税本。由此来看,应充分发挥好税收对国民经济的调节作用,要保护税本不受侵害,壮大税本以增加税收。

(三)税率

税率是指对征税对象征税的比例或额度,税率是纳税人缴纳税款的计算依据。通过税率可以计算出税收要征多少,通过税率可以表现出税收的深度,也可以反映出国家相关方面的经济政策。税率的高低对于国家的财政收入有着直接的影响,同时也关系着纳税人的税收负担的轻重。在税收制度中,税率是其中心环节。按照征收的形式税率可以分为比例税率、累进税率和定额税率三种。

(四)纳税环节

纳税环节是指在商品生产流转过程中应当缴纳税款的环节。不同的税种纳税环节是不同的,有的税种有明确的纳税环节,而有的税种其纳税环节则不确定,需要有流转环节才能将纳税环节确定下来。例如,对一种商品,在生产、批发、零售诸环节中,只选择在一个环节征税,称为"一次课征制";选择两个环节征税,称为"两次课征制";在所有流转环节道道征税,称为"多次课征制"。纳税环节与征税对象的确定有一定的关系,通常而言,征税对象及其范围确定以后,纳税环节也就确定了。从税制发展的趋势来看,一次课征制和两次课征制相对较少,较为普遍的是多次课征制,即道道征税。

确定纳税环节有重要的意义和作用,它对于税制结构和税种布局、税款能否及时足额入库、地区间税收收入分配是否合理等有重要的影响。与此同时,也影响了企业的经济核算以及是否便利纳税人缴纳税款等。因此,在确定纳税环节时,需要将其与价格制度、企业财务核算制度相适应,同时要与收入在各个环节的分布情况相适应,保证经济的发展,做好税源控制。

(五)纳税期限

纳税期限是指纳税人发生纳税义务后多长时间为一期向国家缴纳税款的时间界限。从有利于税款及时足额入库出发,纳税期限的规定一般有按期纳税和按次纳税两种情况。

按期纳税就是规定一个纳税的时间期限,将规定期限内多次发生的同类纳税义务汇总计算应纳税款。这种期限是根据征税对象的特点和应纳税款的多少来确定的。一般可分别定为1日、3日、5日、10日、15日或1个月。

按次纳税就是按发生纳税义务的次数确定纳税期限,以每发生一次纳税义务为一期。不经常发生应税行为或按期纳税有困难的纳税人,实行按次纳税。

(六)纳税地点

纳税地点是税法规定纳税人缴纳税款的地点。税种不同其纳税环节不同。同时,在不同的企业中,其生产经营方式也并不完全相一致。因此,为了方便对税收进行征收管理,达到有效控制税源的目标,税法通常要在各税种中明确规定纳税人的具体纳税地点。具体来看,纳税地点主要有五种:一是就地纳税,二是营业行为所在地纳税,三是外出经营纳税,四是汇总缴库,五是口岸纳税。

(七)税收优惠

税收优惠是指税法对某些特定纳税人或征税对象给予的一种免除规定,主要有减税和免税、税收抵免等。税收优惠主要是对某些纳税人和征税对象采用减少征税或者免予征税的特殊规定。

（八）违章处理

违章处理体现了税收的法律责任，是指纳税人违反税收法律所应当承担的法律后果，它体现了税收的强制性。作为纳税人必须依法纳税。纳税人如果发生偷税、欠税、骗税、抗税行为，或者发生不按规定办理税务登记和向税务机关提供有关纳税资料、不配合税务机关的纳税检查等行为，都属于违法行为，都要受到法律的制裁。

总的来看，税收制度是由以上诸多要素构成的，在这些税收要素中，纳税人、征税对象和税率是税收制度的三大基本要素。

五、税制结构

（一）税制结构的含义

税制结构也就是税收制度的构成形式，是国家根据当前的经济条件和经济发展水平的要求，根据主次分别设置若干税种，并由这些税种相互连接、相互协调、功能互补所组成的税制总体格局，税制结构表明一个国家一定历史时期税制的总体格局及内部构造。其内容包括税种的设置，各税种在税收体系中的地位及其相互关系等。可以说，税制结构问题是税制设计的根本战略问题，要想发挥税收的职能作用就需要有一个合理的税制结构。

税制结构不是人们凭主观意志随意确定的，它主要取决于各国的具体情况。影响税制结构形成的主要因素包括生产力发展水平、国家政策取向以及税收管理水平等。经济因素是影响并决定税制结构的最基本因素，而税收管理水平的高低，是影响流转税和所得税等税种在税制结构中所占比重大小的重要因素。

（二）税制结构的两大类型

1. 单一税制

单一税制是指一个国家在一定历史时期内只以一种征税对

象为基础设置税种形成的税制,即一定时期内只征一种税的税制。

单一税制的优点主要表现在纳税人易于明确其纳税税额,并且稽征手续简单,征收费用少,但也有明显的缺点:由于国家的税收收入集中通过一个税种来筹集,收入比较固定,无法充分满足国家财政的需要,税收收入比较固定,无法随着经济形势的变化而变化。由于单一税制只是就某一经济现象(或某一征税对象)征税,因此税源比较窄,容易枯竭,阻碍国民经济的平衡发展,同时也不利于调节国民经济。由于税负由少数人承担,因此在公平性方面会欠缺。此外,单一税制也无法体现公平原则、效率原则和财政原则等。因此,历史上虽然曾有过单一农业税(或单一土地税)、单一消费税、单一资本税和单一所得税等主张,但是这些主张均只是一种理论上的设想,至今历史上还没有哪个国家真正实行过单一税制。

2.复合税制

复合税制结构模式也称"复税制",是指一个国家在一定时期内以多种征税对象为基础设置的税制。复合税制结构中的税种通常有主有次,彼此配合,相互协调补充,共同构成一个有机的税收体系。与单一税种相比,复合税制税种多,征税对象的范围比较宽,税收调节的范围比较广,国家的财政收入通过多个税种筹集,可以使税收的调节作用得到充分体现。各税种相互配合和补充,能够保证国家财政收入灵活应对经济形势的发展变化。由此来看,复合税制能够更好地体现普遍征税的原则,税收负担的分布也较为合理。

六、税制类型

税制类型,是税制分类的结果。不同的分类标准会导致不同的税制分类。一般来说,税制有如下类型。

（一）商品劳务税、所得税与其他税

以课税对象为标准,税制可以分为商品劳务税、所得税及其他税。其他税又包括收益税、资源税、财产税、行为目的税等税类。

商品劳务税是指以各种商品劳务作为课税对象征收的税种。其经济前提是商品货币经济。商品劳务税的税额是商品价格的组成部分,不受企业成本、费用高低的影响。纳税人只要取得销售收入就要纳税,有利于保证国家财政收入。如我国现行消费税、增值税、营业税、关税、城市维护建设税等。

所得税是指以纳税人各项纯所得或利润额作为课税对象的税种。所得税的基本政策精神是,有所得者征,无所得者不征,所得多者多征,所得少者少征,其经济适应性较强,是较能体现量能负担、公平税负的税种。所得税的产生和发展主要有两方面的原因,一要取决于社会生产力的发展,使收入弥补物化劳动消耗和活劳动消耗之后还有剩余,从而使所得税征收成为可能;二要取决于会计的发展,没有一个较为完善的会计制度,就不可能准确地计算收入、成本、费用,从而计算出纯所得。我国现行所得税包括企业所得税和个人所得税两种。"所得"是一个法定的概念,但这个概念是以企业利润、个人的财产收入、利息收入、经营收入、劳动收入等为主要依据来界定的。因此,所得税是影响法人、自然人可支配收入的税收。这类税收有助于调节社会公平,但这类税收的征收管理成本相对商品劳务税要高,而且收入不具有稳定性。

收益税是指以纳税人利用各种资源获得的各种收益为课税对象的税种。在这里,各种收益是指总收益,即不扣除成本和费用的收入总额。

资源税是指以自然资源为课税对象的税种。它包括对资源普遍课征的一般资源税和对资源级差收入课征的级差资源税。开征资源税既有利于增加国家财政收入,也有利于促使资源合理开采,并鼓励企业开展公平竞争。目前,我国对资源的课税有资源税、土地使用税和耕地占用税等税种。

财产税是指以各种财产为课税对象的税种,也就是以资产存量为课税对象的税种。财产是一种资产存量,如房屋、土地、交通工具、遗产等。在市场经济体制中,税收缴纳的是货币,因此财产税实际上也是对纳税人的收入征税。但财产对人(法人和自然人)的行为有重要影响,也是收入分配悬殊的重要原因,因此对资产存量进行征税来调节国民收入分配。但由于财产税征管成本相对较高,现代各国普遍实行以商品劳务课税或所得课税为主体税种的复税制,财产税仅作为辅助性税种,如我国现行税制中的房产税、契税等税种。课征财产税不仅能增加财政收入,而且能调节财产所有人的收入,缩小贫富差距,并弥补其他课税的不足,充分发挥其独特的经济杠杆作用。

行为目的税是指以纳税人特定的行为或国家一定时期希望达到的目的作为课税对象的税种,如现行印花税等。行为目的税的各个税种有不同的目的和作用,有的是以取得财政收入为主要目的,有的则主要是为了限制某种行为,贯彻寓禁于征的政策。因此,在课税对象选择范围上具有广泛灵活性。

(二)从价税与从量税

以计税依据为标准,税制可分为从价税和从量税。

从价税是以课税对象的价值量作为计税依据征收的税种。其税率通常实行比例税率和累进税率,如我国现行的增值税、营业税、关税、个人所得税等税种均采用从价税形式。价格表现价值,因此从价税也就是对课税对象的价格征税,具有开征范围广的优点,凡有价格计量的情况,都可以进行从价计征。

从量税是指以课税对象的实物量作为计税依据征收的各种税,其实物量以物理计量单位衡量。如对某种烟的交易采取从量税,那么可以选择烟的数量"盒"或"条"作为计量单位。如房产税采取从量税,那么可以选择建筑面积(如平方米、平方尺)作为计税依据。从量税一般实行定额税率,我国现行的资源税、耕地占用税、城镇土地使用税等税种均为从量税。从量税具有便于计征和管理的优点,物品价格的变化对于从量税的收入不产生影响,纳税人的税负也相对稳定。其缺点是调节范围有限,只适用于计量单位明确,实物形态易于把握的课税对象。

(三)价内税与价外税

以应纳税额和价格的关系为标准,商品劳务税可以进一步分为价内税和价外税。

价内税是指税金构成商品价格组成部分的税种。如我国现行的消费税、营业税、关税以及以往实行的货物税、商品流通税、工商统一税、工商税、产品税、增值税等。其优点主要有以下四点:一是税金包含在商品价格内,也就是说,把税收分担隐含在商品的市场价格之内,容易为人们所接受;二是税金随商品价格的实现而实现,有利于及时组织财政收入;三是税额随商品价格的提高而增加,使收入有一定的弹性;四是计税简便、征收费用低。但价内税易造成商品价格与价值背离的情况,导致价格失真。

价外税是指税金作为商品价格附加部分的税种。也就是说税收价格和商品市场价格两者是区分开来的,如我国现行的增值税和原彩色电视机特别消费税等。价外税的优点有:税金明确,税价分离,税负透明度高,有利于规范税收和价格的关系。

(四)直接税与间接税

以税负转嫁与否为标准,税制可分为直接税和间接税。

直接税是指纳税人和负税人一致,一般不存在税负转嫁的税种。在这类税种中,国家和负税人之间的关系是直接的,其间没有第三者介入。一般来说,对个人收入、企业利润、财产等课征的所得税、社会保险税、财产税为直接税。

间接税是指纳税人和负税人不一致,一般存在税负转嫁的税种。在这类税种中,由于在国家和负税人之间还有纳税人,国家与负税人的关系是间接关系。人们通常把以商品、营业收入或劳务收入等为课税对象的消费税、销售税、增值税、关税等,称为间接税。

(五)中央税、地方税、中央地方共享税

以税收管理权限为标准,税制可以分为中央税、地方税、中央地方共享税。

中央税是指由一国中央政府征收管理,收入归属中央一级的税种。中央税具有收入较大,征收范围较广的特点,需要在政策上全国统一立法。如我国现行的关税、消费税等。

地方税是指由一国地方政府征收管理,收入归属地方一级的税种。地方税具有收入稳定,税基具有非流动性的特点,由于地方税与地方经济及利益有着密切的关系,因此适宜由地方政府立法或自定办法征收。如我国现行的房产税、车船税等。

中央地方共享税是指由中央统一立法,收入由中央和地方分享的税种。中央地方共享税是将一些直接涉及中央与地方共同利益,需要依靠地方征收管理的税种,作为中央与地方的共享收入,以解决地区财政不均衡的问题。如现行的增值税等。

七、税收体系

税收体系是指由若干性质相同或相似的税种组成的有机系统。在税制体系中它起到支撑作用,它是税制结构的骨骼,在税收理论与制度研究中占据十分重要的地位。

(一)商品劳务税

1.商品劳务税的税种

商品劳务税以商品和劳务为课税对象征收,因此商品劳务税通常在商品劳务交易环节设置税种。商品从生产到最终进入消

费者手中这个过程会产生多个交易环节,且每一次交易都有与此相应的税种。通常劳务的生产过程和消费过程是统一的,交易环节少,一般适应的税种也较少。总的来看,商品劳务税的适用税种或纳税环节较多,这是符合税收中性原则的。这是因为商品在交易过程中会产生相应的经营利润,如果对有些交易环节征税,对有些交易环节不征税的话就会使效率市场发生扭曲。其中,对商品劳务交易普遍征税称为一般税。一般税可以只设一个税种,也就是说这种税适用于商品劳务的每一次交易;也可以设多个税种去完成一般税的任务,即普遍征税的任务。但在进行税种设计时要符合简便原则,主要应考虑征管成本的问题,具体情况具体分析。

从理论上来分析,商品劳务税的税率应该根据税收价格效应对商品需求量的影响来定,因为从效率角度看,如果税收对于效率市场商品劳务供需的比例关系没有产生扭曲影响,那么税收就是中性的。但由于不同的商品劳务的税收价格效应对价格和商品劳务的产量的影响是不同的,因此在制定税率时相互之间就要有差别。这种差别用税种中设税目的办法来解决,即不同税目规定不同的税率,税目通常根据商品劳务的品种来设定。

商品劳务交易额的计税依据有多种选择,通常有商品劳务交易全额和商品劳务交易增值额两种。前者是指以商品劳务交易的成交金额为计税依据;后者是指以商品劳务交易的增加值为计税依据。对于商品劳务税的一般税来说,计税依据通常也作为税种的命名依据。前者根据各个国家的不同习惯有不同的命名。不同的计税依据对经营者产生的影响也是不同的,因此对产业结构也产生不同的影响。

商品劳务税的纳税人通常为交易双方的卖方,也就是指商品劳务的销售方或提供方。

商品劳务税除了设一般税的税种外还会设一些选择性的税种,这些也可以称精选税种、特殊税种。选择性税种是指某些商品劳务在适用一般税税种之外还要开征的税种。由于这类税只适用于某些商品劳务,会使一些商品劳务的税负重,而一些商品劳务的税负轻。因此,精选税要依据国情做出谨慎选择,来充分发挥商品劳务税调节经济结构、促进经济发展的作用。

商品劳务税的设置在考虑效率的同时要兼顾公平。通常对属于生活必需品的商品劳务在一般税中列出税目,设定较低的税率。

2.商品劳务税的税收负担分析

消费者是商品劳务税的负担者。商品劳务主要有中间产品和最终消费品两种。但中间产品最终要转化为消费品,最终消费者担负其税负。为了保证效率和公平,就需要对最终消费品的税负进行分析。

基本方法是分析某种最终消费品的税收负担在不同收入群中的分布。例如,分析 A 商品的税负分布情况。假定把社会成员按收入划分为贫困、生存、小康、富裕、豪富五个等级是合理的,并相应确定每个等级的年可支配收入额的范围,然后统计每个群体对该种商品的购买量,那么该种商品的税收负担在各个等级的分布量是可以被计算出来的,按照各个等级的人口数量加权计算出的每个等级的人均税收负担量,如果税负与收入呈比例关系,那么该种税是"比例税";如果税负随着收入增加而增加,那么该种税为"累进税";如果税负随着收入增加而减少,那么该种税为"累退税"。弄清商品劳务税税种的税收负担分布的性质,对于税种设计目标的实现具有重要意义。

3.商品劳务税的特征

商品劳务税有着长远的历史传统,它是随着商品经济的出现和发展而产生并发展起来的。商品经济的范围和商品、劳务交易的方式、规模、环节、价格等诸因素决定着商品劳务课税的范围、规模、方式、环节等要素。其基本特征有以下四个方面。

（1）属于对物税

商品劳务税属于对物税，也就是在进行征税时不考虑人的各种具体情况，对从事同样商品、劳务交易的纳税人按照相同的标准进行征税。其优点从横向来看表现为负担公平，但从纵向来看，其缺点具有累退性。

（2）税基广泛

实现销售的商品和劳务是商品劳务税的课税对象，由此来看，商品劳务税有着广泛的税基，有助于保证政府取得财政收入。

（3）计税简便

商品劳务税的计税依据是商品和劳务的销售收入或者销售数量，其计税方法简单。但是，由于商品在流通中并不是一个环节，对多个环节征税并且不对本环节以前已经缴纳的税款予以扣除，则会产生重复征税问题，而且环节越多，税负越重。

（4）与商品劳务的价格直接相关

商品劳务税与商品、劳务的价格直接相关，商品和劳务不同，其税率要有不同的规格，这样才能促进生产、经营者公平竞争。但是，如果课税不当，也会对生产和消费产生逆向调节作用。

由以上分析可知，商品劳务税既是政府财政收入的主要来源之一，也有利于国家充分发挥税收的杠杆作用，调节国家经济，促进国家经济发展。

（二）所得税

1. 所得税税种

所得税实际上是对生产要素交易发生的所得征收的一种税。一般来说，生产要素有土地、资本和劳动三个大类，土地的交易价格是地租，资本的交易价格是利润，劳动的交易价格是工资。由于生产要素价格的收入属于不同的所有者，因此所得税的税种通常按收入者的性质命名，如多数国家都有"公司所得税"和"个人所得税"两种。但利润大多是经营者（公司或企业）财务核算的结果。也就是说,大多数资本不以市场交易价格的形式表达。因此,政府要对"资本价格"的核算进行规范管理。按照规范的财务核算办法核算出来的资本价格,即"资本收入",才是税法认可的"公司所得"或"企业所得",于是有"公司所得税"或"企业所得税"。对于生产要素价格个人获得的部分,实际上已经表现为价格。但是,个人各类收入的总和同样存在需要税法认定的"个人所得"问题。因为政府通常要根据个人收入者的赡养人口因素和收入来源性质予以免税,只对税法认定的"个人收入"征税。这个税法认定的"个人收入"称为"个人所得",于是有"个人所得税"。

2.课税所得的特点

根据现代所得税理论,被课税的所得的基本特点有以下三个方面。

(1)被课税的所得应当是能够用货币计量的所得

为了更好地适应复杂的经济情况,对税制进行合理地设计,同时也为了方便征收管理,课税的所得应当是直接以货币表现的所得,如利润、股息、工资、劳务报酬、特许权使用费等。在现实生活中,也有一些以实物形式出现的所得,如雇主为雇员提供的某些食、宿、交通便利等。为了公平地课税,并堵塞税制上的漏洞,在计征所得税的时候,应当将此类所得折算成货币所得。

(2)被课税的所得应当是能够增强纳税能力的所得

为了更好地保护税本,被课税的所得应当是纳税人经济能力的增量,而不能是其常量的形态转换。如在等值的情况下,可以将房产转化为股票。同时,被课税所得应当是实际上的经济能力,而不是名义上的经济能力。例如,在通货膨胀率较高的情况下,所得税的诸多要素,包括扣除标准、税率等级等都应当做相应的调整。在货币贬值的情况下尚未转让的财产重估增值额,也不应当计入应税所得。

(3)被课税的所得应当是净所得或纯所得

为了对税收负担进行合理化控制,同时便于对税收进行管理,所得必须能够反映纳税人的真实纳税能力。因此,被课税的所得首先应当是净所得,而不是总所得。因为后者中包含的成本、费用等不能代表纳税人的经济能力,在计算缴纳所得税的时候应当允许按照税法的规定从总所得中予以扣除。

3.所得税的特点

(1)征管难度大

和商品劳务税相比来看,所得税的征管难度要大,其征管成本较高。其主要原因是市场经济的情况非常复杂,各企业经营情况千差万别,货币支付形式也多种多样,在这种情况下,如何才能正确核算"所得"是一件很不容易的事。这不仅仅是一个技术问题,而且和市场经济的发育程度和管理水平有关。尤其是个人所得税,在市场经济发育不完整的地方,在"劳动"和"酬金支付"两个方面往往都呈现出无序的情形,更增加了征管的难度。

(2)税负公平

所得税被认为是不容易转嫁的税收,符合能力原则。通常将所得税当作调节社会公平的重要手段。尤其是个人所得税,实行无所得不纳税,所得少者少纳税,所得多者多纳税的原则,调节力度更大。如果所得税不产生工作和闲暇的替代关系,那么就不会影响效率。因此,在市场经济比较发达的国家,所得税是预算收入的主要来源,而且个人所得税一直作为主体税种看待。

(3)调节灵活

为了实现税负公平,鼓励社会各企业和部门做好良性竞争,可以对所有部门、行业、企业、地区或者个人实行统一的税率和税收政策;也可以结合不同部门、行业、企业、地区或者个人的具体情况,实行有差别的税率和税收政策,对企业的利润和个人收入做好调节,进而调节生产、消费、储蓄和投资,促进经济发展。

由此来看,所得税在社会经济中发挥着重要的作用,它既是政府财政收入的主要来源,也是政府调节社会经济,促进社会分配公平的一个重要杠杆工具,在各国的财政、税收和经济领域发挥着重要的作用。特别是所得税的后两种功能在现实社会生活中备受重视,并成为各国政府社会政策和经济政策的主要传导工具之一。

(三)财产税

财产有着丰富的内涵,包括一切积累的劳动产品(生产资料和生活资料)、自然资源(如土地、矿藏、森林等)和各种科学技术、发明创造的特许权等。

1.财产税税种

(1)税种选择原则

在进行财产税税种选择时要从以下方面入手进行考虑:一是要考虑财产税的征收管理成本。通常而言,与商品劳务类税收和所得类税收相比,财产税的征收管理成本要高。究其原因,是财产税需要对特殊的信息进行管理以及要对财产价值进行重估,这些都是要花费成本的。具体地说,由于财产的品种有很多种,其外在形式各不相同,因此可以说,要搞清纳税人的财产情况是一件很困难的事情,再加上信息成本,可以说没有实践的可能性。而财产税的多少与财产价值有关,这就需要对纳税人的财产价值进行重估,由于财产是一种存量,其交易次数并不频繁,因此想要确定财产机制也是一件相当困难的事情。由于上述原因使得财产税在征收对象和范围方面都比较小。二是效率原则。西方主流观点认为对房产征税是有效率的。三是公平原则。一般认为,遗产税和赠予税有利于收入分配公平。

(2)财产税的经济效应

从国际上看,财产税通常有三种税:房产税、遗产税和赠予税。在现代税制中,"农业土地财产"通常是免税的,这可能与农用土地都处于经营之中有关,也可能是由于农业产业的特殊性。财产税的经济效应是指财产税对储蓄的影响和对工作的影响。所得税虽然与财产税有关系,但所得税是对劳动、资本利润和利息收入等征收的税收,而不是对财产本身的征税。因此,在分析财产税的经济效应时,通常是和所得税比较而言的。

西方国家在进行所得税税种设计时,所有权收入的税收要比劳动、经营收入的税负重,如租金、利息、股息、红利等的税负。具体体现在允许扣除项目的差别上。这与西方的整个财产税制度结合起来,则可以看出,西方的税收制度是为了实现财产的资本化经营,抑制仅靠财产所有权取得收入的。显然,对前者鼓励储蓄,对后者抑制储蓄。在他们看来,这是激励人们劳动和经营的政策导向。

但西方学者在运用标准经济学分析财产税的经济效应的时候也是有缺陷的。标准经济学的分析方法只考虑可以价格化的成本—收益比较,但财产税的"收益"在很多时候是无法进行价格化的。例如,财产本身对所有者带来的满足程度,财产的"劳务"(消费)效用对所有者带来的满足程度,各人是不一样的。因此,单纯用可价格化的指标分析的结果不一定可靠。从观察来看,财产税对人们行为的影响主要体现在财产税的避税行为上。但这类避税的资金实际上替代了部分政府的职能,这说明要使遗产税发挥预期目标的作用,需要整个社会制度之间的相互配合。

2.财产税的特征

所得课税、商品课税和财产课税是现代税制的三大课税体系。它们既有联系又有区别。

（1）财产课税和所得课税的区别

在商品经济条件下,两者具有一定的同一性。其主要原因有两个方面:一是财产税的纳税人必须用所得来缴纳财产税;二是如果财产税的课税对象属于可以取得收入的资本,则财产和所得两者就可相互进行转化。但两者也存在明显的区别,具体表现在:财产课税是对财富的存量,也就是针对财产本身的数量或价值课税,而所得课税是对财富的流量,也就是对财产产生的收益或所得课税。财产课税的纳税人不一定拥有财产,但所得课税的纳税人多是所得的拥有者。

（2）财产课税与商品课税的区别

财产课税和商品课税两者也有密切的关系。从课税客体看，财产也表现耐久性比较长的物品，当出售财产时，在这些物品就有了商品的特征。两者的区别在于：一是流通中的商品是商品课税的课税对象，它是货币资金流量的一部分；而财产课税的课税对象是财产，是财富存量。商品是需要流通的，会有交易行为，交易次数则不定，而财产则通常不参与流通，没有交换可交易行为的发生。商品课税是一次课征，财产课税则是定期征收。

（3）财产课税多属于直接税

财产课税中的大多数税种都具有直接税性质，而税负则通常难以进行转嫁。

（四）其他税收

从税收分类的角度看，如果将税收分为商品劳务税、所得税和财产税的话，那么任何一种税应该都可以归到上面相应的类别中去。之所以还有"其他税收"，主要是两方面的原因：一是在一国的税制中，有的预算收入采用税收的名称，但该税种究竟是不是真正的税收还存在争论；二是因为有些税种在分类归属上还存在分歧。

在我国传统的税收分类中，除商品劳务课税、所得税、财产税三大类税种外，还包括对特定行为课税的行为税类。所谓"特定行为"指的是不属于上述三大类税收课征范围的行为。通常所列举的行为税，各论著中虽不尽相同，但也大同小异。事实上，各行为税在多数情况下都可以纳入这三大税的课征范围，而不属于对特定行为的征税。如屠宰税似乎是一种典型的行为税，即对屠宰行为征税，其实它仍属于商品课税范畴，是对牲畜销售的课税。而之所以表现为对屠宰行为课税，主要是由于农村牲畜饲养分散，且商品化程度不高，按正常销售课税难以操作。正因为如此，城镇屠宰行为不再征收屠宰税就是一个证明。

第二节 我国企业纳税的主要税种

我国企业纳税税种比较多,根据我国现行税法规定,企业要缴纳的税种有企业所得税、增值税、消费税、关税、资源税、城镇土地使用税、城市维护建设税、耕地占用税、土地增值税、房产税、印花税、契税等。由于篇幅有限,只对以下几大税种做一研究。

一、企业所得税

(一)企业所得税的含义

企业所得税是国家对企业取得的生产经营所得和其他所得征收的一种税。国家让企业缴纳所得税,这就让国家参与了企业利润的分配。在征收管理时由国家税务总局和地方税务局负责,企业所得收入是由中央政府与地方政府共享,是中央政府和地方政府税收收入的主要来源之一。通过征收企业所得税,有利于增加国家财政改入,促进企业改善经营管理活动,提升企业的盈利能力,调节产业结构,促进经济发展。

(二)企业所得税的特点

企业所得税作为所得税类,具有与商品劳务税不同的性质,其特点有如下四个方面。

1.征税对象往往是特定的所得额

企业所得税的课税对象,是企业的利润,企业利润就是企业的总收入减去各项成本、费用开支之后的净所得额。由此来看,企业所得税是和商品劳务税完全不同的一个税种。

2.应纳税所得额的计算通常要经过一系列复杂的程序,同成本、费用关系密切

企业所得税的征收对象是企业的利润,企业所得税在缴纳时其具体额度需要大量的计算,这就涉及企业一定时期成本、费用的归集与分摊等方面的内容,由于所得税是政府的一个重要的财政工具,因此需要对纳税人不同的所得进行区别,就需要通过大量的计算,这些原因使计算程序变得较为复杂。

3.以量能负担为征税原则

企业所得税以纳税人的生产、经营所得和其他所得为征税对象,以量能负担为征税原则,体现了税收公平。纳税人所得的多少与纳税多少直接相关,所得多纳税多,所得少则纳税少,无所得则不纳税。

4.一般实行按年计征、分期预缴的征收办法

企业的经营业绩如何主要是通过利润来综合表现出来的,而企业利润通常是按年进行结算的,因此企业所得税在计税时通常是以纳税人全年的应纳税所得额为依据,分月或分季预缴,年终汇算清缴。

二、增值税

(一)增值税的含义

增值税是以商品(含应税劳务和应税服务)在流转过程中产生的以增值额为计税依据的一种税。

(二)增值税的特点

1.保持税收中性

增值税的中性主要有两个方面的表现:一是国家在征税时,

社会付出的代价只以税款为限,这可以在最大限度上免去社会或纳税人的额外负担,也不会造成额外的损失;二是国家征税时尽量不影响市场经济的正常运营,在征税时要尽量使市场机制充分发挥在资源配置中的正常作用,不能使税收超过市场机制。从实践来看,税收中性只是一个相对的概念。根据增值税计税原理,流转额中的非增值因素在计税时被扣除。因此,对同一商品来说,不论其流转环节有多少,只要其增值额相同,应交的增值税就是一样的,不会对商品的生产结构、组织结构和产品结构等产生影响,确实存在税收中性的一些因素。

2.普遍征收

从征税范围来看,增值税征收对象包括从事商品生产流通和从事应税劳务的所有单位和个人,在征收环节中包括商品增值的各个生产和流通环节。

3.税收负担由商品最终消费者承担

虽然说增值税的征收对象是企业主,但是在实际中,企业主通过销售商品将增值税的负担转移到下一个流通环节,最终是由消费者来承担增值税的。

4.实行税款抵扣制度

企业在进行增值税税款计算时要扣除商品在以前生产环节已负担的税款,从而避免征税的重复性。

5.实行比例税率

通常来看,增值税实行比例税率。对于不同行业、企业和产品来说,增值税的性质是一样的,因此从原则上来看应对增值额采用单一比例税率。但在实际计算时,为了更好地使社会经济政策得到贯彻实施,会对某些行业的产品在税率上实行特殊化处理,因而增值税一般规定基本税率和优惠税率或称低税率。

6.实行价外税制度

增值税在计税时,作为计税依据的销售额不包含增值税税额,实行的是价外税。价税分开,有利于发挥价格和税收各自的独特作用,有利于消费者对价格和税收进行监督,同时也便于企业根据市场情况确定价格。从增值税来说,实行的是税款抵扣计税方式,价外税制度的实施,可明确本环节所缴纳的增值税,并为增值税抵扣给出依据,且能避免重复征税。

三、消费税

(一)消费税的含义

消费税是指对特定消费品征收的一种税。特定消费品指奢侈品、高耗能消费品或某些不可再生资源等。从这个方面来说,消费税征收具有选择性。

消费税是价内税,可随价格转嫁给消费者。征收消费税,有利于保证国家财政收入、引导消费方向、调整消费结构、调节收入、缓解分配不公的矛盾、限制部分特殊消费品的生产等。

我国现行消费税是对在我国境内从事生产、委托加工和进口应税消费品的单位和个人就其应税消费品征收的一种税。

(二)消费税的特点

1.征收范围具有选择性

我国现行消费税并不是针对全部的商品,而是在征税范围内根据产业政策与消费政策仅选择部分消费品征税。我国消费税目前设置 15 个税目。

2.单一环节征税

消费税纳税环节主要确定在一个环节。同一产品选择确定征收环节后,在其他环节则不再征收消费税。这种方式主要有两个方面的作用:一是减少纳税人的数量、降低税款征收费用和税源流失的风险,二是防止重复收税。

3.从价和从量征收

消费税的方式比较灵活,既可以从价征收也可以从量征收。从量征收就是采用对消费品制定单位税额,依据消费品的数量来征收消费税。而从价征收就是对消费品采用比例税率,依据消费品的价格来征收消费税。

4.平均税率水平比较高且税负差异大

国家为了对某些消费品进行调节而开征消费税,为了贯彻国家的经济政策,和其他的税种比起来,消费税平均税率水平要高,且不同的征税项目其税负不同,其差异性比较大,对需要限制或控制消费的消费品,通常税负较重。

5.税负具有转嫁性

消费税的最终承担者是消费者。为了方便消费税的征收和管理,我国在征收消费税时以生产经营者为征收对象,但由于消费品是商品流通中的一个重要组成部分,消费税最终是由最终消费者来负担的。

(三)我国消费税的立法精神

1.正确引导消费

由多个国家的发展经验来看,当一国经济发展和人均国民收入达到某一水平后,其消费需求结构必然会发生一些重大变化。对此,政府要制定正确的消费政策对变化中的消费需求加以合理引导,以避免不正常、不合理的消费倾向所产生的一系列消极效应。目前,我国人均 GDP 刚刚达到 1000 美元的较低水平,总体财力还比较有限,人民的生活水平还不够富裕,因此在政策上正确引导人们的消费方向显得尤为重要。

开征消费税其中一个重要原因就是通过税收来调节社会消费结构和消费需求,使其同我国国情相适应。因此,国家决定将烟、酒、鞭炮、烟火等特殊消费品纳入消费税的征税范围,体现"寓禁于征"的政策精神;为了抑制超前消费需求,决定对贵重首饰、化妆品等奢侈品或非生活必需品征收消费税。并明确规定,消费税属于间接税,税收由购买应税消费品的消费者负担,不得减税免税。

2.缓解社会分配不公

一个人的支付能力的大小反映了其生活贫富状况。因此,通过对一些奢侈品或特殊消费品征收消费税,可以调节个人支付能力来增加税收,体现了多收入者多税的精神,这有助于调节个人收入分配,缓和一些矛盾。

3.稳定财政收入

消费税是在原产品税和增值税进行改革的背景下出台的。原产品税的收入主要集中在烟、酒、石化等几类产品上,且税率档次多,税率较高。当这些高税率产品改征新的、规范化的增值税后,若按基本税率17%衡量,就会导致税收减少,这些对于财政收入的增长有不利作用。为了保证财政收入稳定,同时也加强对某些商品的生产和消费调控,把实行新的增值税后由于降低税负而可能减少的税收收入征收上来,基本保持原产品的税收负担,并随着应税消费品生产和消费的增长,使财政收入也保持稳定增长。

四、关税

(一)关税的含义

关税是海关依法对进出境的货物、物品征收的一种税。"境"

意思是指关境,也被称为作"海关境域"或"关税领域",是《中华人民共和国海关法》(以下简称《海关法》)全面实施的领域。通常来说,关境与国境两者是一致的,其范围是国家全部的领土、领海和领空。

但也有关境与国境两者不一致的情况出现,如当某一国家在国境内设立自由港、自由贸易区等,这些区域就进出口关税来讲是位于关境之外,在这种情况下,该国家的国境要比关境大。如我国的香港和澳门,它们是自由港,为我国单独的关税地区,即单独关境区。单独关境区是不完全适用该国海关法律、法规或实施单独海关管理制度的区域。

当几个国家结成关税同盟,这些国家之间便组成一个共同的关境,其关税法令和对外税则是相统一的,而这些国家彼此之间货物进出国境不征收关税,只对来自或运往其他国家的货物进出共同关境时征收关税,在这种情况下,这些国家国境要小于关境,如欧盟。

(二)关税的作用

1.维护国家主权和经济利益

关税政策对于国家之间的主权和经济利益有着直接的影响。在国家竞争中,关税发挥着越来越重要的作用,关税已经成为政府维护国家利益的一个重要武器。我国根据平等互利和对等原则,通过关税复式税则的运用等方式,在最大限度内在国际上争取我国的关税互惠,这些对于我国的经济技术交往和经济合作都有促进作用。

2.保护和促进本国工农业生产的发展

一个国家的关税政策如何是由其国情决定的,一个国家的经济发展水平、产业结构状况、国际贸易收支状况以及参与国际经济竞争的能力等因素对于本国的关税政策起到决定作用。从实际来看,自由贸易政策对于发展中国家来说是不利的,为了促进本民族的经济发展,这些发展中国家通常会实行关税保护政策。如我国,作为发展中国家,有许多产业在国际上处于低端,为了促进我国的工业发展,利用关税对我国的"幼稚工业"进行保护。

3.调节国民经济和对外贸易

在国家经济发展中关税有着重要的作用,国家通过关税,可以调节经济,它是重要的经济杠杆。通过关税税率的高低和对关税是否进行减免,对于国家商品的进出口规模有重要的影响。例如,通过关税税率可以对出口产品和其生产企业的利润水平进行调控,进而可以促进进出口商品的结构得到完善。

4.筹集国家财政收入

对于发达国家来说,关税在其整个财政收入中所占比重并不是很大。但对于发展中国家来说,关税对于国家财政收入有着重要的影响,尤其是对于那些国内工业不发达、工商税源有限、国民经济主要依赖于某种或某几种初级资源产品出口,以及国内许多消费品主要依赖于进口的国家,关税仍是国家财政收入的重要渠道。

第三节　税务稽查与税收风险

一、税务稽查的意义

税务稽查是税务机关依法对纳税人、扣缴义务人和其他税务当事人履行纳税义务、扣缴义务及税法规定的其他义务等进行检查和处理工作的行政执法行为。税务稽查主要有三类:一是日常稽查,二是专项稽查,三是专案稽查。税务稽查的意义体现在以下三个方面。

(一)税务稽查是税收征管的最后一道防火墙

税收征管的内容曾经被国际货币基金组织的专家比作金字塔,即从底部向上依次是"为纳税人服务—纳税申报处理—税款缴纳—税务稽查—对违法行为的惩罚和税务诉讼"。这就表明,由税收实体法规定的纳税义务的实现需要经征税主体对其发生、计量、履行和消亡等逐级进行确认,而法定义务的确认、履行贯穿纳税服务、税款征收、税务稽查的税收征管各环节,它们与法律救济构成了"四位一体"的现代税收管理体系。税务稽查在这个体系中处于税收征管的最后一道环节,税务稽查这个环节如果发生严重问题,对整个税收征管体系就会产生严重的不利后果。

(二)税务稽查效率决定税收征管的质量与效率

在理想情况下,纳税人在税法规定的时间内自觉地计算并缴纳税款,在这个过程中,税务机关起到辅助作用。但在实际中,纳税人总是会有一些偏差,需要税务机关采取措施对其进行加强管理。因此,政府为了保证税收,实现财政收入,就会对税务做出稽查方面的工作。税务稽查的效率关系到税收征管的质量与效率,要想做好税务稽查,需要从以下三个方面入手:一是对于税收违法行为要做出有效的查处,也就是指税务机关在一定时期内查处的税收违法行为与客观发生的税收违法行为之间的比例以及二者形成的查补收入与税款流失之间的比例;二是注意税务稽查要公平公正;三是要注意稽查执法成本的高低。

(三)税务稽查是有效提高纳税遵从度的重要手段

能否自觉纳税在一定程度上反映出纳税人法制意识的道德水平的高低,通过纳税也可以衡量出一个国家税收征纳关系是否和谐。纳税主要有两个方面的内容:一是反映出在税收法律框架内的纳税人自律水平如何,也就是说如果没有税务机关对纳税人进行相应的监管,纳税人自觉依法缴税的程度如何;二是反映在税收法律框架内纳税人的他律程度如何,即在税务机关监管的情况下,纳税人是否或在何种程度上能依法进行税款缴纳。第一种情况下就算纳税人没有自觉进行纳税,也不会承担法律责任;而第二种情况下,一旦纳税人没有依法纳税,很有可能受到税务机关的查处并承担相应的法律责任。

在当前市场经济条件下,不能对所有纳税人都抱有自觉纳税的期望。因此,税务机关要加强稽查,提高纳税人的违法成本,强化纳税人自觉纳税的意识。事实证明,加强税务稽查,有助于引导纳税人自觉纳税。但从企业的角度来看,税务稽查与企业税务风险防控密切相关。

二、企业被税务稽查的原因

如果企业被税务稽查,通常原因有下面几种。

(一)被举报,尤其是被内部人举报

税务稽查的许多线索来自举报,尤其是内容翔实、证据确凿的内部人举报。举报的内部人可能是出于维护税收法律的尊严、维护国家利益的高度责任感,也有的是认为自己受到了不公正待遇。企业的管理者应该遵纪守法,"要想人不知,除非己莫为";还应善待员工,尊重每一个员工的权利和人格。当执法机关接到内部人举报时,实施检查的可能性非常大。

(二)被评估确定为稽查对象

执法部门通过对纳税情况进行评估来确定稽查对象。纳税人如果纳税额度长期比同行业的平均水平低的话就可能被执法部门确定为稽查对象,或者企业盈亏是跳跃性的发展,也容易被稽查。尤其是每年确定的重点检查行业中多年未被检查的企业。

（三）被牵连

有些企业是受到相关联企业的牵连而遭到稽查的。税务执法机关在对企业进行检查时，认为一些问题在相关的企业中也可能会存在，或者有其他方面的发现，就会对相关企业进行检查。

（四）非税收原因

税务执法部门可能因需要配合其他部门的工作而开展税务稽查。

三、税务稽查引发的税务风险

（一）补税、加收滞纳金和罚款

一旦查出企业存在少缴税款的问题，一般会要求补税并加收滞纳金。滞纳金相当于占用国家税款的时间成本，其性质类似于利息，但比利息要高出很多，以我国现行每日万分之五的滞纳金计算率，相当于按年利率18%计缴税款罚息。罚款是违法行为应该付出的代价，至于罚款多少，是有一定弹性的。

（二）除补税、加收滞纳金和罚款之外，被媒体曝光

媒体上经常有纳税人偷逃税款的报道，这些报道一般都是税务或海关等执法部门为发挥税务稽查的震慑作用主动向媒体爆料的。这使企业在有形损失之外，又增加了无形损失。

（三）除补税、加收滞纳金、罚款和被曝光之外，还被追究刑事责任

因涉税而构成犯罪的，应依法追究刑事责任。根据刑法的有关条款，与税收有关的罪名包括逃税罪、抗税罪、逃避追缴欠税罪等罪名，最轻判处三年徒刑，最重可判无期徒刑。

四、税务稽查风险的防控

针对税务稽查所引发的税务风险,企业需要对此做好风险防控,可以从以下方面入手。

(一)努力减少被稽查的税种、时间跨度和关联企业户数

企业要在被稽查的税种、时间跨度和关联企业户数等方面入手进行风险防控,如果稽查涉及一、两个税种,则争取不被稽查其他税种;如果稽查的时间是当年,则争取不被追溯到以往年度;如果稽查的户数是一家企业,则争取不被稽查关联企业。总之,稽查的税种和关联企业户数越少越好,时间跨度越短越好。

(二)争取较少的罚款金额

如果企业发生少缴纳税款,如此就一定要补缴税款、滞纳金,这是没有商量的余地的,但对企业的罚款是有相当大的弹性空间。根据《税收征管法》的规定,罚款的标准应在不缴或者少缴的税款 50% 以上、5 倍以下。因此,纳税人一定要态度良好,应尽量争取较低的罚款金额。

(三)尽可能不被媒体曝光

被稽查企业在因缴纳罚款、滞纳金而导致经济利益受损之后,需要做好的就是应尽可能不被媒体曝光,导致企业"名利双失"。即在有形损失之外,不要再发生无形损失。被媒体曝光给企业带来的损失虽然不能计量,但可能影响更大、更长远。

(四)不被追究刑事责任

如果税务稽查有追究刑事责任的情况,这就说明税务机关已将稽查案例移送公安机关。案件如果被公安机关立案侦查的话,通常来看,当事人就会被判刑。如果是海关缉私的案例,海关可

以直接移送检察机关,由检察机关提起公诉。纳税人应避免在"名利双失"之后再失去人身自由。

五、主动配合税务稽查,努力降低税务风险

通常来看,纳税人无法决定自己是否被稽查,但当纳税人必须要面对稽查时,就要主动配合,从而保证对税务风险进行有效控制。配合税务稽查主要体现在以下三个方面。

(一)稽查地点选择

稽查时既可以在企业检查,也可以将纳税人的账簿等相关材料调到执法机关。企业应尽量争取执法人员同意到企业现场稽查,这样既便于执法人员工作,又便于纳税人与执法人员及时有效的沟通,避免误判造成损失和不必要的麻烦。

(二)稽查后勤保障

如果能够征得执法人员的同意实施现场检查,在后勤保障方面要做到周到、得当,以体现对稽查人员应有的尊重和诚意。

(三)稽查争议处理

在稽查过程中,执法人员可能会就某些问题与企业沟通,出现不同看法也属正常。由于执法人员的素质参差不齐,在执法人员意见缺乏法规支持甚至明显失据的情况下,纳税人应在对执法人员意见表示理解的同时,委婉地表达不同意见,切忌直接对立,甚至将业务问题变成面子问题,使简单的问题复杂化。

纳税人面临税务稽查风险时,应该防控并举。"防"指的是想办法把税务风险消灭在日常经营活动中,防止税务风险的发生和积累。"控"是指在风险发生时,控制风险蔓延。对纳税人而言,防止税务风险的发生和积累,比控制税务风险的蔓延更为重要。

第三章　企业税收风险产生的原因分析

正确认识企业税收风险对税收工作的顺利实施、企业的健康运行以及社会的有序发展都有重要的意义。要想对税收风险进行有效管理，首先就要找到税收风险产生的原因，在此基础上才能对症下药，采取科学合理的方式引导企业的纳税行为，降低企业的税收风险，提高企业纳税遵从，进而降低税收征管成本，提高税收征管效率。

第一节　归因理论及其启示

一、归因理论及其主要观点

归因是指观察者为了预测和评价被观察者的行为，对被观察者的行为所进行的因果解释和推论，进而对环境和行为进行控制或引导的过程。根据归因者与行为者的关系，归因可以分为自我归因和他归因。自我归因指对自己的行为进行原因分析，他归因指对他人行为的原因进行分析。

归因理论（Attribution theory），也称社会心理学理论，是探讨人们行为的原因与分析其因果关系的各种理论与方法的总称，属于人力资源管理和社会心理学的激励理论之一。该理论由奥地利社会心理学家海德（Fritz Heider）在其1958年出版的《人际关系心理学》中首次提出，以后一些学者在此基础上陆续提出了一些新的理论,如 B·维纳、L·Y·阿布拉姆森、H·H·凯利、E·E·琼斯等人所提出的归因理论。20 世纪 70 年代归因研究成为西方社会心理学理论的中心课题。其基本问题有三个方面:①心理活动发生的因果关系;②社会推断问题,即根据行为及其结果,对行为者的稳定心理特征和个性差异做出合理推论;③期望和预测问题。

海德认为人有两种强烈的动机:一是形成对周围环境一贯性理解的需要;二是控制环境的需要。而要满足这两个需求,人们必须有能力预测他人将如何行动。

海德认为,行为的原因或者在于环境或者在于个人。如果在于环境,则行动者不必对其行为负责;如果在于个人,则行动者就要对其行为结果负责。维纳及其同事在 1972 年发展了海德的归因理论,认为人们可以把行为归因于多方因素,但无论什么因素大都可以归纳为内因—外因、暂时—稳定这两个方面的四大类中。后来阿布拉姆森等人在 1978 年进一步发展了维纳的归因理论。

H·H·凯利在 1973 年提出,可以使用三种不同的解释说明行为的原因:①归因于从事该行为的行动者;②归因于行动者的对手;③归因于行为产生的环境。这三个原因都是可能的,要找出真正的原因主要使用三种信息:一致性、一贯性和特异性。凯利强调了三种信息的重要性,所以他的理论又称为三度理论。

琼斯和戴维斯 1965 年提出的对应推断理论主张,当人们进行个人归因时,就要从行为及其结果推导出行为的意图和动机。一个人所拥有的信息越多,他对该行为所作出的推论的对应性就越高。一个行为越是异乎寻常,则观察者对其原因推论的对应性就越大。影响对应推论的因素主要有三个:①非共同性结果,指所选行动方案有不同于其他行动方案的特点;②社会期望,一个人表现出符合社会期望的行动时,我们很难推断他的真实态度;③选择自由,如果我们知道某人从事某行动是自由选择的,我们便倾向于认为这个行为与某人的态度是对应的,如果不是自由选择的,则难以做出对应推论。

二、归因理论对研究企业税收风险行为的启示

(1)要做好企业税收风险管理工作,首先必须了解影响企业税收风险行为的因素,包括来自企业内部、外部的因素,同时重视税收环境对企业纳税行为的影响。

(2)重视经验推断在行为分析中的重要性。政府进行税收管理工作,对税收管理人员提出了经验性要求。经验性要求就是要求税务管理人员必须具备良好的专业管理能力和素质,如在信息不对称的条件下,如何通过不同的信息渠道获取数据并进行行业和企业分析,这种管理经验的积累,将有助于分析企业不同纳税行为的信息,发现企业管理中存在的税收风险,以便进行有针对性的管理。

(3)要分析判断企业纳税行为的意图和动机。为什么有的企业能够依法纳税?为什么有的企业要发生各种税收违法行为?企业不同纳税行为的意图是什么?企业纳税行为背后的动机是什么?这些都是做好企业税收风险管理工作必须思考的问题。

(4)要充分考虑归因分析中可能出现的归因偏向,使税务人员对企业税收风险行为的判断更加符合企业的实际。归因偏向是由于归因过程受主观因素的影响而产生的脱离逻辑的倾向。有些归因偏向误差的原因来自动机,有些归因偏向误差来自认知。从企业税收风险管理的角度,应该注意以下两种可能出现的归因偏向:①人们倾向于低估情境的作用而高估个人和内因的作用。社会心理学家J·捷里森和J·格林(1981)认为,之所以出现这种情况是因为我们有一种信念,人们应该对自己行为的结果负责,所以多从内因去评价结果,而忽视外因结果的影响。另一个原因是情境中的行动者比情境中的其他因素往往更加突出,突出的东西容易引起更多关注。对企业税收风险行为的判断,从政府的视角会将企业税收风险行为表现更多地归因于纳税企业,忽视

自身行为对纳税企业的影响。②行动者和观察者是有区别的。当你是一个行动者时,你更多注意情境;当你是一个观察者时,你更多注意行动者。这说明围绕企业的税收风险问题以及相应的行为表现,站在政府和纳税人的角度是不同的,这种差异要通过沟通来消除。

(5)要考虑非理性因素对企业税收风险行为的影响。归因理论继承了海德的"朴素心理学家"的传统,把人看作理性的,事实上人们进行归因时并非总是按理性行事。卡内曼和特威斯基的归因理论认为,在日常生活中人们往往利用两种启发法进行推理判断:一是代表性启发法;二是可得性启发法。前者指人们在进行推理判断时往往选择有代表性的事例。后者指易于进入头脑的信息往往被利用。该方法可解释归因观察者和行动者的差别。当用上述两种启发法进行归因时,要考虑到有关因素能否对企业涉税行为做出正确判断。

以上归因理论对企业税收风险行为原因分析的启示说明,由于各种原因的存在,使对同一现象的判断在政府、企业或第三者角度可能存在差异,而要消除这种差异,就必须了解企业和政府对同一问题的认识的趋同度和差异度,从而找到行为发生的根源,并提出具有可行性的解决方案。

第二节　税收风险行为分析框架与一般原因分析

一、企业税收风险行为分析的一般框架

经济越发达,税收与人们的经济联系越紧密。企业在自身利益与社会利益的权衡中必然有各种各样的行为表现。约瑟夫·熊彼特认为:"一个民族的精神面貌、文明程度、社会结构以及政策可能酿成的行为方式,所有这些甚至更多,都记录在它的财政

史上。那些明白怎样读懂这个历史所蕴含的信息的人们,在这里比其他任何地方都能更清晰地预感到震惊世界的惊雷。"①

锡德里克·桑福德指出,要找出影响纳税人纳税行为的原因,必须考虑以下几个方面的问题:①纳税人对税率、税制的公平度以及政府对纳税人缴纳的税收收入使用是否得当;②纳税人对国家和法律的基本认识;③集团对个人行为的影响;④税务审计、信息报告和预提税;⑤税务管理的类型;⑥税务中介人员;⑦被查处偷税和漏税的可能性以及处罚程度;⑧对纳税人的服务。② 锡德里克·桑福德的观点基本上涵盖了影响企业纳税行为,并进而导致税收风险的一般性因素,同时也为我们提供了思考的途径。

二、企业税收风险行为的一般成因分析

企业税收风险产生的原因是多方面的,学术界有不同的观点,可以按照不同的角度来分类。按照税收风险形成主体的不同分类,税收风险主要在于以下几方面。

(一)来自税收立法层面的税收风险

(1)中国是以公法为主体的国家,由此决定了整个税法体系首先建立在保障国家行政利益的基础之上,通过所有税收法律、法规条文可以看出,税法对于国家行政权力的保护大于对纳税人利益的保护。

(2)中国是以成文法为主体的国家,而成文法的特点之一是对法律责任的判定基于执法者对法律、法规表述的理解,这必将导致纳税人对于立法认识的弱势地位。

(3)中国尚未建立完整的税法体系,这也是造成纳税人税收

---

① [美]保罗·萨缪尔森,威廉·诺德豪斯著;萧琛等译.经济学[M].北京:华夏出版社,2003.

② [英]锡德里克·桑福德著;邓力平译.成功税制改革的经验与问题[M].北京:中国人民大学出版社,2001.

风险增加的重要原因之一。目前,我国税收正式立法少,行政法规多,主体税种还没有立法,税收基本法尚未出台。

(4)现有税务法规不完善,也是造成纳税人产生税收风险的原因之一。

(二)来自税收行政方面的税收风险

(1)征纳双方的信息不对称,是导致纳税人承担巨大税务风险的重要原因之一。现实中,税务机关对于政策法规的宣传力度不够,一般仅限于有效范围的解释,而非采用广而告之的方式,使纳税人广为接受。其中,相当一部分具有适用性、比照性的政策处于非公开的状况,其结果除了影响到法律的公正性之外,要求纳税人遵从并不知道的法律及政策规定,显然有悖"法律面前人人平等"的基本原则。

(2)现行法律、法规、规章中没有对税务机关使用税法解释权和自由裁量权做出相应的约束,这就有可能造成税务机关及税务人员行使自由裁量权不当,对相关税收问题做出对税务机关有利的解释,从而构成对纳税人权益的侵害,使纳税人承担巨大的税务风险。

(3)税务执法观念也是导致纳税人承担巨大税务风险的重要原因之一。虽然税收征纳关系决定了征纳双方关系的不平等,但这并不意味着双方在适用具体法律法规时地位的不平等。在这一法律关系中,双方的地位应是平等的,均依法享有权利主体的法律地位与身份、资格,平等地建立起法律关系,通过各自权利的行使和义务的承担,分别负担起各自主体的职责:征税人可依法查处纳税人的逃税、骗税、抗税等违反税法的行为;纳税人有权依法提出申诉、上诉、控告、检举揭发等,对税务机关及其工作人员的渎职、侵权、贪污受贿、营私舞弊等不法、违法犯罪行为行使法律权利,维护自身利益。

(三)来自纳税人自身的税收风险

税收风险从纳税人角度最为突出地表现在依法纳税观念的

弱化上。

（1）在执行具体法律、法规时，纳税人并没有完全树立与征税机关的平等地位，因此往往以税务人员个人的意见作为确定税务责任的界限。即使意见相左，也往往采取息事宁人、得过且过的方式，放弃正确的权利主张。

（2）纳税人往往有一种错觉：和税务人员处理好私人关系更加重要，从而忽视就政策进行的双方讨论。

（3）纳税人自身的专业素质（主要反映在对于税法的全面认识与运用）严重滞后于经济的发展。

第三节　税收政策与风险

一、税收政策的分类

税收政策是由国家制定、旨在为各项税收活动和税收关系的处理提供纲领性和方向性指导的、具有法律效力的方针和准则。国家的政策法规不是一成不变的，税法也不例外。为了适应具体实际的要求，税收政策在不同的时期和不同的方面有不同的表现内容和形式。如20世纪50年代，我国最重要的税收政策是"公私区别对待，繁简不同，工轻于商，各种经济成分之间负担大体平衡"；而在现阶段则特别强调公平税负、鼓励竞争的税收政策。以纳税人为参照主体，税收政策大致有以下几种分类。

（一）激励性税收政策

为了保护纳税人的合法权益，使纳税人获得更大利益，国家制定出一系列起到引导性和激励性作用的税收政策。如增值税、消费税的出口退税政策；个人所得税中的个人国债利息所得和国家奖励所得免税政策；公司所得税有关高新技术公司和技术贸易的税收优惠政策等。

(二)限制性税收政策

国家之所以颁布限制性税收政策主要是立足于经济发展现状,对产业结构、供求关系等进行调整,以维护社会稳定、促进经济健康有序发展。这类限制性税收政策常见的有:消费税中对白酒、粮食、卷烟等实行高税率;关税中对需要限制进口的货物实行高税率等。

(三)照顾性税收政策

照顾性税收政策即对部分符合条件的纳税人实施临时性或特殊性的照顾,主要目的在于扶植一些有发展潜力的新办公司或者遭受自然灾害损失的企业,为残疾、孤寡老人等弱势群体提供优待等。具体措施有定期减免公司所得税,免征个人所得税等。

(四)维权性税收政策

维权性税收政策重在维权,它既是税收激励政策和限制政策的综合体现,更是为了贯彻对等原则和维护国家的经济权益。维权性税收政策常见于关税、涉外所得税以及财产税中。如果我国公司或者公民在 A 国进行投资或者经营,A 国对其征税,则 A 国公司或者公民来我国进行投资或者经营,我国也应对其征税。

二、税收政策不当产生的税收风险

作为税收的一个重要内容,税收政策及其制度本身的不当极有可能导致税收风险,给相关企业和国家带来损失,以下结合我国的税收实践加以具体论述。

(一)税收政策目标的不协调产生的风险

税收政策目标的不协调大致包括两个方面:①政府职能与税

收政策目标不协调;②税收政策目标之间不协调。在实际的经济生活中,这两方面既相互联系,又相互独立。当今社会瞬息万变,开放的经济环境成为税收风险滋生的土壤,因此税收政策目标的不协调极有可能造成税收风险。

1.政府职能及其政策价值取向

要想对税收政策及税收风险的关系有所了解,首先就要弄清楚政府职能及其政策目标。政策的制定是为政府实现其职能服务的,因此不同的政府职能所对应的政策也不一样。政府的职能主要有经济社会职能和政治职能。政府的经济社会职能通常包括以下两点内容。

(1)经济职能是指政府为了促进国民经济的稳步发展,采取一切手段、方法从宏观上对人民的经济生活加以规划、协调、监督的职能。随着我国改革开放的深入和市场经济体制的发展,政府的经济职能主要表现为对宏观经济进行调控、提供公共产品的服务、进行市场监管。

(2)社会职能是指政府除了政治、经济职能外,具有的其他一切职能。政府在解决这类事务时通常站在全局性的高度加以统筹规划,而不是完全放任自流,由市场自行监管、调控。当前,我国政府的社会职能主要包括以下内容:保护生态环境和自然资源、调节社会分配和组织社会保障、促进社会化服务体系的建立等。

政府的职能决定了政府制定各项政策的目标。任何行为主体的有意识活动都有其特定的目的。从经济学方面来讲,个人追求的是效用的最大化,企业追求的是效益的最大化,那么政府呢?从理论上说,作为人民公仆的政府追求的应是公共利益的最大化。能否真正实现公共效益的最大化,取决于政府在制定经济政策和进行经济活动时能否做好效率与公平之间的取舍,这在经济学上被称为公平—效率取舍问题。结合公平—效率取舍问题对政府的经济社会职能加以分析,可以从人类社会追求的价值取向上将政府的政策目标理解为公平与效率。具体论述如下。

（1）政府是在宪政框架下建立和运作的，宪政的基本原则是公平正义，这就为我国政府的行为方式和价值取向奠定了基调，也就决定了我国政府税收政策的目标之一为追求公平。

（2）作为人民当家做主的社会主义国家，我国之所以实行市场经济就是为了尽可能解放和发展生产力，提高经济效益以及人民的生活水平。但是，由于市场经济的有效性是建立在私人利益最大化基础上的，在发展过程中，难免出现各种私人之间难以协调解决的社会问题，如社会分配不均、收入差距大、环境污染等。面对此种情况，要想维持社会稳定和促进经济增长，就必须由政府出面，通过一系列政策手段来加以引导和调解，尽量避免各种社会问题对社会秩序和稳定发展产生影响，从而实现社会公平。

（3）政府作为公共产品的提供者，集权责为一体，其在维护公共权力和私人权利的同时，也必须对私人经济部门的行为加以规范，以确保私人经济部门在追求利益的过程中不对他人的利益造成损害，从而实现社会的协调发展。

综上所述，政府为了维护社会的公平公正，采取了一系列干预手段进行市场调节，促进了资源配置的合理、经济发展的稳定、人民生活水平的提高。因此，从经济社会职能的价值取向入手，我们可以将国家经济社会职能的目标确定为促进效率和维护公平。

2.税收政策目标与政府职能不协调产生的风险

税收政策目标属于政府政策目标，而政府政策目标又是由政府职能决定的，归根结底，税收政策目标也是由政府职能决定的。随着时代的发展和社会环境的改变，政府职能的侧重点也在不断发生变化，而这就决定了我国的税收政策在不同的历史时期具有不同的特征。以政府的经济职能为例，传统的宏观调控职能包括促进经济增长、保证充分就业、维护国际收支平衡和稳定物价，而新的时代特征又赋予了宏观调控职能以新的时代内涵——坚持科学发展。传统的经济目标是解放和发展生产力,片面追求国内生产总值的增长并以此为主要考核指标,而忽略了环境因素。大工业的发展和自然资源的开发使人类赖以生存的环境逐渐恶化,环境污染和生态破坏问题日益突出。面对这一现状,党中央审时度势,开拓性地提出了"科学发展观",这是马克思主义与中国具体实际相结合的产物,更是有远见卓识的领导人对原来狭隘的经济增长目标的一种校正。换句话说,我们的经济目标不再是单纯地追求经济增长,而是以可持续发展为核心实现经济的增长。因此,科学发展应成为现代经济政策的最高目标,也应成为我国税收政策的新目标。在我国近期的税收实践中,消费税制的调整就体现了税收促进环保、资源的节约利用,促进循环经济的形成,落实科学发展观的要求。但是,在我国的税制中,还是存在很多与科学发展不相适应的地方。比如,我国的资源税改革就与相关改革不同步,改革开放以来,政府对于资源税的开征始于1984年,其时只是对原油、天然气、煤炭、铁矿石征收,而其他矿产品暂缓征收资源税。1994年税制改革时,首次对矿产资源全面征收资源税。此后相当长一段时间里,这个税种的相关税率几乎没有较大的变化。在国际油价飙升的背景下,2006年开征了被戏称为"暴利税"的石油特别收益金,这一政策的推出引起广泛关注。资源本来就是国有的,收益理应属于全体人民,但我国资源是价高税低,资源的收益很多成了企业的税后利润。自2002年到现在为止,伦敦期货锌的价格上涨了将近5倍,铅价上涨6倍多,铜价上涨了5倍多。而相关产品资源税标准却长期在低位徘徊,没有发挥税收调节资源的作用,既没有控制住资源浪费以及遏制掠夺性资源开发,也因为资源税征收过低,导致石油等部门集中本属于国家受益的利润过多,不利于公平分配,达不到资源税调控资源配置及收入分配的目标。

3.税收政策目标之间的不协调产生税收风险

这里所说的不协调,是指税收政策的目标体系由于无法达到协调一致而造成的税收工具运用的冲突和矛盾。中国正在实践科学发展观,构建和谐社会,政策的目标体系更加复杂。这样,如果不能够在多元化的目标体系中寻找出一个共同的标准,那么从长期来看,政府税收行为很可能对经济社会产生根本性的损害,这样的运作也不能说是可持续的。

通过以上对税收政策目标的分析,我们可以将税收政策目标大致分为两个部分,即中间层次目标和最终层次目标。中间层次目标和最终层次目标是紧密联系的,前者是后者的具体分解和现实表现形式,后者是前者的最终归属和目标形态。中间层次目标在政策手段和最终层次目标之间通过联系和协调充当桥梁的作用,属于操作性目标。中间层次的目标包括合理配置资源、取得财政收入、缩小收入差距等,具体的措施有改变税基、增减税种税目、改革征收方法等;最终层次的目标则可概括为两个方面,提高经济效益和实现社会公平分配。在实际的经济生活中,税收政策有可能与社会经济状况不相适应,其原因在于经济社会本身的不确定性,以及信息的不充分和人的有限理性等。这一系列因素使税收政策呈现出滞后性。此外,税收本身的固定性也决定了税收政策不能改变得太快。所以,税收政策的收入目标与调控目标之间难免存在不一致的情况。

（二）税收政策的不协调引发的风险

西方经济学家经过调查和研究提出市场经济环境下政府存在的必要性。亚当·斯密首先在《国富论》中提出了"看不见的手"这一概念,后人对此概念加以丰富,使"看不见的手"成为具有代表意义的经济学名词。他们认为凭借"看不见的手"即完全通过市场调节可以引导经济达到一种稳定均衡的状态,但前提是每个人在追求自身利益的同时不对他人的利益造成损害。但是,这种美好的愿望在现实生活中是难以实现的,若是完全依据"看不见的手"进行调节,社会不可能达到最稳定的状态,这时就需要政府这只"看得见的手"进行干预,以维护经济社会的正常有序运行。

　　根据公共财政思想可知,政府之所以存在是因为社会上存在着与私人风险相对应的公共风险,这类风险无法依托个人进行解决,具有很强的外部性和危害性,只有政府出面才能有效维护公共的利益,对公共风险加以方法、控制和解决。但是,政府在实际干预过程中往往会出现职能失灵的状况,从而不能有效发挥其作用,产生社会性危险。由政府职能决定的税收政策在宏观调控中也可能出现失灵的情况,具体原因如下。

　　(1)税收政策属于政府行为,政府的行为目标与社会公共目标可能会出现不协调的状况。为了实现社会公共目标,政府常采用税收进行宏观调控。但是,政府也有自己的行为目标,社会公共目标和行为目标往往存在着差异。政府不只是一个概念上的行政机构,更是由各级政府和不同部门以及具体的工作人员组成的一个整体。从理论上讲,政府官员是人民的公仆,政府机构是社会公众的代表,也就是说,其应该时时处处为了广大人民群众着想,而不应该考虑自身的利益。但是,从公共选择理论的观点看,政府官员也是人民的一分子,其也是经济人,也应当享有追求自身利益的权利;各级政府机构及其部门也是利益主体,他们在行使职权的过程中难免会站在自身所在地区及机构的角度思考问题,权衡利弊得失,如果缺乏有效的约束,则可能出现公共利益部门化、部门利益私有化的现象,扰乱社会秩序,拉大收入差距。比如,生活中不乏因为受到地方或部门利益的干扰,宏观调控的效果大打折扣的例子。国家的宏观经济政策是党中央从全局利益出发制定的,它既不能面面俱到,还极有可能影响到一些地方和部门的局部利益。因此,在政策执行的过程中常常会出现有令不行、有禁不止的状况。如依法征税提了许多年,但是全国各地依然普遍存在按照计划征税的现象,这就是政府权责失灵的一个重要表现。在西方资本主义国家,政府的行为还会被一些有较大影响的利益集团所操纵,这就使社会公共目标和政府行为目标产生更大的差距,从而影响社会公共目标的实现。

　　(2)税收政策的滞后效应。税收政策失灵其中的一个重要原因就是税收政策的滞后性。税收政策的制定、实施、对经济运行产生作用等环节不是一蹴而就的，需要花费一定的时间，这就使税收政策出现了一个不可避免的问题——滞后。这种滞后可能导致政策实行的结果不能达到预期目标，出现税收政策失灵的状况。税收政策的滞后性大体可以分为内在滞后和外在滞后两类。①内在滞后主要是针对税收政策的制定和实施环节而言的。由于制定和实施税收政策需要时间，可能"贻误战机"，错过宏观调控的最佳时刻，导致宏观调控整体处于较为被动的局面。②外在滞后主要是针对税收政策执行后对经济运行产生作用这一环节而言的，这种滞后会给宏观调控的时间和力度的选择带来困难。如果宏观调控的力度过大，时间过长，就会适得其反，使经济运行走向宏观调控前的反面，将过热调为过冷，过冷调为过热；如果宏观调控的力度和时间不够，则达不到预期的效果，即使能在短时期内达到效果也可能出现反弹。在社会主义现代化探索和建设过程中，我国在这方面也是有一些经验教训的。例如，我国的税收优惠政策。由于我国的税收制度及这方面的研究起步较晚，目前仍未形成一个综合治税的良好税收管理环境，税务部门在征税时也面对诸多困难，难以充分获得必要信息、有效把握各行业的发展方向及趋势，因此税收优惠政策的制定难免出现滞后效应，使政策调控难以发挥其应有的作用。

税收政策失灵必然会导致税收风险。由于宏观调控的目的没有达到，已出现的公共风险就无法得到有效控制和解决，加上这种失灵本身也可能加剧上述风险，因此税收政策不当对税收风险的产生起到推波助澜的作用。

（3）决策者行为倾向的不确定性。税收政策的调控属于我国宏观调控的一部分，在政府制定决策时，作为国家主人的广大群众有权参与，但是由于我国税收制度的不尽完善，人民并不能有效参与决策。在信息不完全及人为因素影响较大的情况下，难免出现决策者基于自身及所在单位、地区的利益考虑，制定出不够完善甚至错误的税收政策，从而导致税收风险。

①信息不完全是决策产生风险的客观原因。信息是制定和实施税收决策时必不可少的依据，但是在现实生活中，决策者通常难以充分获得有效信息。尽管在市场经济条件下，企业能够尽可能地得到自由发展，平等竞争的价格体系也能够快速地传递信息，但是这种自由、平等、快速都是相对而言的，依然存在着信息的不完全性。宏观经济决策的主体——政府虽然可以较私人及企业获得更多的信息，站在全局角度俯瞰一切经济现象，但是仍然克服不了信息不完全的缺陷，从而导致其决策具有滞后性或者出现偏差。政府税收决策的不当必然会给经济运行带来一系列矛盾，导致一系列问题，从而出现税收风险。

②税收政策决策可能受政府自身利益的影响。一方面，就一个国家来说，存在着两级代理关系，一级是普通群众与政治家或者政府机构之间的委托代理关系，另一级是政治家与政府机构之间的委托代理关系。虽然从理论上讲，政府官员应该全心全意为人民服务，从人民的利益角度出发，为人民着想，但是其也有自己的利益追求。因此，在这种两级代理关系下，由于存在信息不完全的情况，作为决策者或者决策机构的政府官员及其所在部门就有可能基于自身利益考虑，在制定决策时有失公允。另一方面，作为政策实施者的政府官员，他既有为民造福的愿望，也有获取自身利益的动机，其信息的准确性就会受到具体执行机构的再处理。由于不同执行机构间的利益不同，不同的部门都会提出一些对自身有利的政策。这样，不同的利益部门、不同时期的利益要求就会使政策随时间变化而变化，而这种变化又完全取决于最终决策者对不同利益格局的动态权衡。他们的行为倾向对政策的最终形成起着非常重要的作用。这种带有利益倾向的决策有可能使税收政策偏离公平的价值取向。

从以上分析可知，在决策者制定税收政策时，由于信息的不完全、决策者的有限理性、决策者的利益博弈使政策的制定充满了不确定性，而由决策者行为的不确定性所引发的直接或间接税收风险也是完全可能的。

第四节　税收筹划与风险

一、税收筹划的概念及深层诠释

(一)税收筹划的概念

关于税收筹划的概念可谓众说纷纭,荷兰国际财政文献局(IBDF)、美国南加州大学 W·B·梅格斯博士、我国著名学者盖地教授等均为税收筹划下过具有代表性的定义,但是目前国际上尚未形成统一的说法。

虽然关于税收筹划的权威性普遍概念没有出现,但是大家得出一些共识,即税收筹划是旨在降低税收负担和税收风险的一种合理合法的经济行为。通过对各位专家学者理论的研究以及具体实践经验的吸收,本书对税收筹划做了以下定义:在对税收制度和法律进行充分了解和掌握的情况下,纳税人在既定的税制框架内为了节约税款、递延纳税和降低税务风险而做的一系列规划、安排,其中包括制定纳税主体的战略模式、决定投资行为、采取各项经营活动等。

实际上,税收筹划是纳税人对税收政策和环境变化的一种适应和反应,其不仅包括降低税负的诉求,还体现为降低税收风险的要求。基于此,纳税人在进行税收筹划时必须多方面收集、分析信息,对当前的税收政策、环境、行业特征等内容有详细了解,掌握不同领域税收政策的差异性,有针对性、科学准确地进行税收筹划。不可否认,税收筹划与税收风险之间也存在密切的关系。

(二)税收筹划的深层诠释

从市场经济的国际经验来看,税收筹划早已有之,为了使读者对税收筹划有更明白和深刻的理解,这里对税收筹划做进一步诠释。

1.税收筹划属于财务管理范畴,其性质是一种理财活动

为达到降低税负和税收风险的目的,纳税人采取了一系列措施来开展税收筹划,这一活动属于企业财务管理范畴。税收筹划主要体现在安排投资、经营、交易等事项方面。在法律、法规的要求之内,纳税人通常有多种纳税方案的选择,最明智的做法便是选择税负最低但是税后收益最大的方案。但是,在实际税收筹划过程中,企业往往为了自身利益铤而走险,越过法律的边界,不择手段地减轻税收负担。一旦出现这种情况,不仅对企业的形象和声誉不利,还难以逃脱法律的制裁,给企业带来致命性的打击。所以,在进行税收筹划时不是要纳税人绞尽脑汁地寻找逃避税收的办法,而是要充分合理地利用税法赋予纳税人的权利,在科学分析和谨慎抉择的基础上,用好、用活税收政策。

2.税收筹划是纳税人的一项重要权利

根据法律规定,纳税人有权在法律范围内进行税收筹划,具体包括三个方面的内容:①纳税人必须依据法律要求正确纳税,但其也享有避免多缴纳税款的权利;②纳税人享有在合理范围内对涉税事项进行谋划以尽量降低税款的权利;③纳税人享有维护其正当利益的权利。

3.税收筹划是企业的一种长期行为和事前筹划安排

在进行税收筹划时不仅要将重点放在法律规定上,避免踩到"高压线",还要将重点放在具体的决策制定、实行及效果上。所以企业在进行税收筹划时要目光长远,不可只贪图眼前利益,要

为了企业的生存和发展从长计议。相关的纳税人还要熟知与税法相关的其他方面的知识,如会计、财政、金融等,尽量拓宽自己的知识面,如此在制定税收筹划时才能统筹兼顾,不逾矩、不违规,使税收筹划既达到减少企业自身税负的目的,又符合国家的政策导向。

4.税收筹划是一种降低企业经营成本的有效手段

从某种意义上说,利用税收筹划减少税款和通过降低产品成本提高利润具有同等重要的价值。税收具有无偿性,这就决定了纳税人缴纳的税款无疑是一笔现金的流出,且没有与之相匹配的现金流入项目。由此可以看出,利用税收筹划节约税款相当于直接增加企业的净收益,与降低成本有异曲同工之效。

5.税收筹划是市场经济发展的必然产物

税收筹划不是凭空产生的,其需要满足两个基本条件:①在法定范围内,企业独立获得利益且自主经营管理;②协调好企业和国家的利益分配关系,使税收秩序正常、规范。税收筹划是企业为了适应市场经济要求及实现自身的发展应运而生的,既具有现实性,也具有可能性。

6.税收筹划是纳税人对税法合理有效的运用

纳税人作为我国的合法公平,享有法律赋予的权利和义务。纳税人必须按照税法规定办理税务登记,及时对纳税项目进行申报,定期缴纳税款,并配合税务机关人员对本企业的账目进行检查、核对,这是纳税人应尽的义务。同时,纳税人也享有在合法的前提下进行税收筹划的权利。依法科学地进行税收筹划体现了纳税人法律观念的提高、纳税意识的增强、有效管理企业能力的提升,这不仅能够降低纳税人的税款及纳税风险,还能够促进我国税收制度的变革和发展,提高税务机关的行政水平,规范市场秩序。换言之,税收筹划也有利于税收政策和征管制度的完善。

7.税收筹划的目标并非"税负最小化"

税收筹划的目标不仅体现在降低企业税负方面,更在于实现税制框架约束下的税后利润最大化或股东财富最大化。在现实经济生活中,最优的税收筹划方案并不一定是税负最小化的方案,但一定是税后利润最大化或股东财富最大化的方案。因为税收负担的降低未必代表企业税后利润的增加,有时一味地追求税负最小化反而可能导致税后利润下降。

税收筹划的目标还在于控制税务风险。控制税务风险主要从以下四个方面具体实施:第一,吃透税收政策,正确运用税收政策;第二,提高纳税自查能力,在纳税申报之前进行全面的检查、过滤,排除税收隐患;第三,掌握纳税技巧,提高税收筹划方案的设计能力;第四,从战略角度审视财税管理手段与方法,做到战略、经营、财务、税务的协调统一。

8.税收筹划风险与收益并存

税收筹划是一种事前行为,具有长期性和预见性。税收筹划和其他财务管理活动一样,也是收益与风险并存,这是市场经济的普遍规律。当然,纯粹考虑税收筹划还可能导致投资扭曲风险。现代税制遵循税收中性原则,即纳税人不因政府课税而改变其既定的投资决策,但在现实经济环境中,纳税人往往由于税收的原因而被迫将资金投向其次优项目而放弃最优项目。这种由于课税而改变纳税人投资行为从而给企业带来机会损失的风险即为投资扭曲风险,这在现实经济生活中屡见不鲜。

9.税收筹划要考虑实际税负水平

经过调查研究可知,货币时间价值和通货膨胀是对实际税负水平造成影响的两大因素。前者的影响主要表现在现金流量的内在价值差异方面,因此企业在进行税收筹划时必须对账款收现和税收支出的时间、速度进行合理规划,以在不损害企业市场信誉的前提下,在法律范围内尽量提高应收账款的比重和收现速度,延缓税收支出的时间和速度。通货膨胀对实际税负水平的影响,主要考虑以下方面:一是通货膨胀会形成高估应税收益的不利影响;二是通货膨胀延缓企业纳税过程,能达到抑减税负的效应。

10. 税收筹划要考虑边际税率

在进行税收筹划时不得不对其边际税率加以考虑。边际税率是指在税基的基础上,对每一单位新增加的税基所适用的税率。税率一般可分为三种:累进税率、比例税率和定额税率。就累进税率而言,应税所得额和税率结构对边际税率产生重要影响,边际税率随着应税所得额的大小和税率结构的改变而改变;就比例税率而言,边际税率是始终不变的。在实践中常出现边际税率和税收收入成反比的怪现象,这体现出边际税率受纳税人心理及经济行为的影响。企业对边际税率进行研究,可以合理控制边际效益和成本,从而提高企业绩效。

11. 税收筹划要树立"大系统思维"

所谓的"大系统思维"就是全局观,不仅是税收筹划,在进行任何一项事务的安排和规划时都要有整体观念和系统思维。只有放眼全局,将眼前利益和长远利益、局部利益和整体利益结合考虑,均衡各方面的关系,寻求利益最大化和危害最小化,高屋建瓴、运筹帷幄,才能达到预期目标,取得最终的胜利。因此,我们在解决一切问题时都要树立"大系统思维",在进行税收筹划时也不例外,要统筹市场宏观经济系统和微观经济循环,对影响税收筹划的因素和条件加以全面分析、研究。

二、税收筹划在现代企业中的实际应用

(一)筹资过程中的税收筹划

资金是企业生存和发展的基础,企业从多种渠道筹资,需要进行筹资决策。在筹资决策中进行税收筹划,有助于优化资本结构、降低资本成本,控制财务风险,实现财务杠杆的抵税效应。企业的外部筹资通常有两种形式:发行权益筹资和负债筹资。这两种形式在具体的税收实践中各有利弊。针对企业税收筹划而言,负债筹资比发行权益筹资更具优势,原因在于,依据财务制度规定,负债筹资过程中的手续费和利息支出可以进行资本化处理或者计入财务费用。无论是资本化的利息还是计入财务费用中的利息作为抵税项目可在税前扣除,企业可以少缴所得税,从而产生抵税效应。而发行权益筹资主要表现为发行股票,发行股票支付给股东的股利通常是由税后利润支付的,不能产生抵税效应。在企业管理实践中,企业通过资本弱化的手段达到避税的目标,也是运用此项原理。因此,企业在合法范围内可利用税收筹划的方式节约税款,在进行税收筹划时应以能否实现税后利益最大化为标准。

(二)投资过程中的税收筹划

企业在进行投资决策时,通常会将税负作为一个重要的参考因素。在投资决策中,税收筹划通常会考虑到企业的投资方向、形式以及合作伙伴等关键因素并对其加以分析、优化选择。企业投资从宏观上来说可以分为两种类型:对内投资和对外投资。对内投资是企业通过自身的经营活动获取利润的投资行为。对外投资是企业购买股票、债券以及进行其他投资活动以获取投资收益为目标的投资行为。

企业对内投资时,在投资方向上要符合国家产业政策规定,

并根据税收政策支持的行业和税收优惠政策选择投资地点和方向,要关注流转税和所得税的相关政策,并进行税收筹划。

当企业对外投资时,要以定量和定性的方法进行综合考虑,在投资形式上做好比较。例如,企业通常会进行三项投资:购买国库券、企业债券、股票,这三项投资风险和收益各不相同。若是购买国库券取得的利息可免缴企业所得税,但收益相对较低;若是购买企业债券则需要缴纳企业所得税;若是购买股票,由于获得的股利为税后收入,不用缴税,但风险较大。基于以上分析,企业在进行投资时要权衡利弊,做出正确的投资选择和规划。此外,企业以固定资产或者无形资产进行股权投资时必须按照法律程序由相关部门人员对资产加以评估,被投资企业可以评估结果为参照,确定有关资产的计税成本。如果用于投资的固定资产或者无形资产增值,则投资方应依法确认非货币资产转让所得,并按规定缴纳税款。若是转让所得额巨大,一次性缴齐税款确实存在困难,在专业人员的核实下,经由税务机关批准,可分期缴纳税款。被投资方为了保护自身利益,可在法律规定内多列固定资产折旧费和无形资产摊销费,减少当期应税利润;如果用于投资的固定资产或者无形资产贬值,则投资方应依法确认为非货币资产转让损失,申请减少应纳税款。

(三)经营过程中的税收筹划

企业经营中可能面临涉及流转税、所得税、财产税和行为税等多种税,需要进行税收筹划。税收筹划是企业基于自身的权利和义务,在合法合理的情况下为了减轻税负,使自身利润最大化而进行的一项举措。企业的税收筹划作为一项重要的战略决策不得随意变更,因此在制定时要具有前瞻性和有效性。

三、税收筹划风险的成因

风险是预期结果的不确定性,不仅可以带来超出预期的损失,也可能带来超出预期的收益。税收筹划是一把"双刃剑",其是经济环境和税收环境的伴生物,在给企业带来税收利益的同时,因为经营环境的不确定性和不可控性以及税法自身的"刚性",也给企业带来了巨大的税收风险,如筹划方案失败及目标无法达成、偷逃税罪认定等,这些状况一旦发生都将使企业陷入困境。因此,税收筹划风险可以定义为,企业在进行税收筹划时因未能正确遵循税法规定,致使涉税行为不合理或者不合法而可能导致的企业未来利益的损失。企业针对财务管理各领域、各环节进行税收筹划,鉴于经济环境的不断变化和税制的动态性,有必要对税收筹划风险进行防范和管理。

(一)企业边界模糊化趋势

以核心能力为基础,在激烈的市场竞争和相互作用下形成的相对固定的经营规模和范围即可认定为企业边界。规模经济着眼于降低企业的单位产出成本,而范围经济则着眼于核心能力的增长,以此提高生产效率,降低生产成本,增加经济效益。当今社会瞬息万变,经济全球化和信息技术的迅速发展使人们赖以生存的地球家园呈现出动态化的趋势,在此背景下,企业边界也表现出动态变化的趋势:为快速决策经营战略,信息由小范围向大范围渗透(ERP);企业内部培训及其他培训方式以增强各层级的管理者和职工的能力,使企业组织能力得以渗透并缩短决策制定和实施时间;基于激励的报酬方式由高级员工向一般员工渗透;信息化的连接使企业间合作代替竞争(核心能力专业化生产,非核心能力外包)导致企业外部边界扩大,进而打破地域边界,促使技术进步的加快,为企业跨区经营提供了条件。当前企业的所得税主要遵循属人原则,流转税主要遵循属地原则,在企业边界模糊的科技与经营创新模式下,激励报酬方式改进、并购以及因并购产生的防范资本弱化等税收筹划风险日益显著。

1. 企业合并——目标公司的道德因素及亏损引发税收筹划风险

企业为了寻求发展,扩张边界,通常会采取吸收合并的方式,在税收上主要表现为税率、纳税时间及地点等的变化,总而言之即税收环境和税收要素的变化。企业之所以这么做是为了享受一定的税收优惠政策,增加企业利润。企业合并可以分为两种形式,即同一控制下的企业合并和非同一控制下的企业合并,分类标准为合并方与被合并方在合并前是否受同一方控制。按照相关规定,同一控制下企业吸收和合并在进行所得税筹划时需要将按照原合并时点被合并企业合并资产和负债账面价值按公允价值进行调整,以便确定成本费用,而公允价值的确定受评估标准和评估方式的影响,被合并方亏损直接冲抵合并企业股东权益;而非同一控制下吸收合并,支付对价大于被合并方合并日净资产的差额确认为商誉,这部分资产不可在日后收回,企业可以直接在处置净收益中扣除,从而导致存在丧失货币资金时间价值风险。

2.跨区经营——公共权力约束引发税收筹划风险

企业边界模糊化趋势,打破了区域边界,为跨区经营提供了条件。但公共权力具有对企业的强制约束力。在市场经济条件下的政府不直接干预在公序良俗范围内运作的企业行为,但不能排除政府对企业生产经营活动的个量调控。企业既要承受政府的行政手段,也要面对经济手段和法律手段;既要关注政府的宏观调控政策,又要注重政府的微观调节政策。企业执行或顺应政府的相关政策,就会得到鼓励,促进发展;不执行或违背相关政策,就会受到惩罚,丧失既得利益甚至失去生存权利。政府可以运用行政手段直接干预企业行为,从而影响其边界,如政府特许及管理限制了企业的扩展;政府也可以运用经济手段和法律手段间接进行调控,达到限制或鼓励企业扩展的目的,如货币供应、税收、利率和价格管制等经济杠杆的调节作用以及《公司法》、《反不正当竞争法等》法律的约束。

公共权力通过税收手段约束企业边界扩张,主要表现在所得税税收优惠政策和跨区经营企业所得税分配上。税收优惠其本质为隐性税收,按照现行企业所得税法规定,税收优惠政策实施范围为农(林、牧、渔)业、基础设施、环境保护、节能节水、资源综合利用、安全生产以及促进技术创新和科技进步,进而带来5档所得税差别税率,特别是用于技术创新和科技进步的固定资产,可获得加速折旧的财务政策支持,加速固定资产更新改造。税收支出直接表现是企业现金流出,本质上是企业经济效益的减少。正是企业所得税的优惠政策实施范围的局限性,导致企业在企业边界扩张上有可能丧失持有税收优惠投资而减少收益率的风险。

总分支机构跨区经营所得缴纳的所得税,实行"统一计算、分级管理、就地预缴、汇总清算、财政调库"的企业所得税征收管理办法,就地预缴的所得税按照汇总计算的所得税及资产、职工工资和资产总额三因素权重0.35、0.35及0.3分摊,汇算清缴在总部所在地税务机关进行。从国家宏观角度看,无论总分支机构汇总纳税还是分别纳税,总税收收入是相同的;在分税制下,所得税属于中央与地方共享税种,课税权在层级政府间划分,将导致盈利分支机构所在地政府税收收入减少,而亏损分支机构所在地政府税收收入增加,造成地区间税收不平衡,由此导致辖区"本位"主义和恶性税收竞争,拉大地区差别;从企业整体看,由于总分支机构汇总纳税,可利用分支机构亏损弥补抵税,降低企业所得税的微观税负,获得税收优惠的隐性税收,但在税收筹划时,基于地方政府"本位"主义有可能承担在异地经营组织形式选择而丧失利用亏损抵税的风险。

3. 职工培训费——工资薪金的弹性标准引发税收筹划风险

《中华人民共和国企业所得税法》规定,企业发生的职工培训费用(职工教育经费支出),不超过工资薪金总额的2.5%的部分准予扣除;超过部分准予在以后纳税年度结转扣除。按照此规定,企业税前扣除的职工培训费用,受合理薪金总额的限制。而合理薪金总额的确定按照国家税务总局《关于企业工资薪金及职工福利费扣除问题的通知》(国税函[2009]3号),税务机关按照

"企业制定了较为规范的员工工资薪金制度、企业所制定的工资薪金制度符合行业及地区水平、企业在一定时期所发放的工资薪金是相对固定的、工资薪金的调整是有序进行的以及企业对实际发放的工资薪金已依法履行了代扣代缴个人所得税义务"的原则对工资薪金的合理性进行确认,由于确认标准的弹性,则可能存在征纳税双方对工资薪金总额确认的差异,进而导致以此为基础确定的职工培训费用的差异,使企业发生的职工培训费用在发生当期不能完全扣除,带来边际成本的风险。

4. 期权激励计划——权益工具按未来价值(公允价值)计量引发税收筹划风险

企业实施股权激励,又称股份支付,包括权益结算的股份支付(含上市公司回购股票的职工期权激励)和现金股票增值权的股份支付。股份支付交易与企业同其职工间其他类型薪酬的最大不同,一是交易对价或其定价与企业自身权益工具未来的价值密切相关,即股份支付中金额高低取决于结算时企业自身权益工具的公允价值;二是具备完整、有效的股份支付协议。

一般而言,企业在股份支付协议中约定员工在企业服务要达到的最低盈利目标或销售目标或上市公司股价上升至何种水平,当条件符合时,企业在员工服务的等待期内每个资产负债表日,对于授予的存在活跃市场(即上市公司)的期权的权益性股份支付,按授予日权益工具的公允价值计入成本费用及资本公积,对于授予的不存在活跃市场的期权的权益性股份支付,按期权定价模型等确定的公允价值计入成本费用和资本公积;对于现金增值股票的股份支付,在每个资产负债表日按权益工具的公允价值重新计量权益工具的价值,并计入成本费用和应付职工薪酬,行权日后公允价值变动计入"公允价值变动损益"。

期权激励计划,由于未开征资本利得税,就税法而言应视为属工资薪金涉税事项(税法规定的工资薪金不包括企业的职工福利费、职工教育经费、工会经费以及养老保险费、医疗保险费、失业保险费、工伤保险费、生育保险费等社会保险费和住房公积金），不仅涉及企业所得税问题，还涉及企业代扣代缴个人所得税问题。在企业进行税收筹划时，风险主要来自不存在活跃市场的期权等权益工具公允价值确定的因素，包括期权的行权价格、期权的有效期、标的股份的现行价格、股价预计波动率、股份的预计股利和期权有效期内的无风险利率等。特别是股价预计波动率和股份的预计股利，需要一定的专业理论知识，而大多数企业往往缺乏这方面的专业知识。除此之外，还在于税法在行权日确认工资薪金的扣除，企业基于权责发生制记账基础，在服务的等待期内分期确认股份支付，由此带来确认时点差异风险。

（二）会计政策的可选择性

会计以资产负债表为基础采用资产负债表债务法计算应纳税所得额（该方法的理论基础是资产负债表上的资产和负债在未来均将转化为收入和费用），税法以利润表为基础计算应纳税所得额（利润表法）。虽然会计与税法计算应纳税所得额的基础不同，但都以利润为依据。利润是反映企业一定时期经营成果的重要指标，由于现行会计准则对企业发生的交易或事项提供多种可供选择的方法，这为企业通过会计政策调控利润提供了可能。也正是会计政策的可选择性，为企业税收筹划提供了空间。但企业通过会计政策进行税收筹划能否达到降低实际税负的目的，往往取决于税务机关的认定。企业对交易或事项选择的会计政策，在一定前提下可进行会计政策变更或会计估计变更，而税法规定企业采用的会计政策一经确定，不得随意变更，对有些会计政策的选用往往带有限制性条件，如固定资产加速折旧法或缩短折旧年限（技术进步或产品更新换代的固定资产、常年处于强震动或强腐蚀的固定资产）。企业通过会计政策进行的税收筹划，如得不到税务机关的认可，当期因选择会计政策少计的收入、多计的成本费用在次年所得税清算时需进行所得税纳税调增，而因选择会计政策少计的成本费用不得列支。因而，不恰当地选择会计政策不仅不能给企业带来税收利益,反而增加企业税收负担。

(三)税制的动态性

税收筹划行为是企业行为,由税法引发并受契约规范。企业基于利益的驱动,能动地运用税收政策进行税收筹划,易于发现税收政策的漏洞、空白。随着税收筹划行为的推陈出新,税收环境也将不断地推陈出新,税法具有动态特征,从这个意义上说,税收筹划与动态的税收相关法律政策是征纳双方的博弈行为。国家根据经济发展情况与税收政策的制度缺陷不断完善税收法律制度,不断调整税收筹划空间;企业则不断地发现和利用税收政策提供的税收筹划空间制订新的筹划方案。税收筹划具有长期性和计划性,由于税收政策不断变化的动态性特征,使税收筹划具有一定的风险。

(四)"会、税"原则的差异性

我国目前采用财税分离的纳税模式。在该模式下,会计强调企业和投资者的利益,重视向投资者提供真实公允的财务信息;税法强调为纳税目的的服务,重视向税务部门提供会计信息,纳税则在财务会计核算的基础上按照税法的要求进行调整。基于财税分离的要求,产生会计与税法在对企业发生的具体交易或事项进行会计处理和纳税处理采用不同的原则,其差异性表现为:会计的"资产负债表观"和税法的"收入费用观"导致资产和负债计量产生差异,会计以价值计量(公允价值、可变现净值、现值等),而税法强调历史成本计量;会计的完全的"谨慎性原则"和税法的部分的"谨慎性原则";会计的完全的"权责发生制记账基础"和税法不完全"权责发生制原则",如资产损失的处理等。对这些差异的理解可能存在征纳双方的认定差异,使税收筹划可能产生涉税风险。

(五)企业内部税收筹划涉税风险防范意识的缺失

税收筹划是一项系统性工程,涉及多个方面和多个人员,具体来说包括税务机关、企业、相关利益人、工作人员等。管理者的经营意识、风险意识,工作人员的专业素质和专业能力等都会对税收筹划的结果产生深刻影响。在实际生活中,我国大多数企业经营管理者在税务问题处理上不是以税法为准绳,认为靠和税务机关处理好关系解决税务问题远甚于对税收政策的理解和掌握,对税务管理工作不重视,企业没有配备专门的办税人员;财务人员既是会计又是办税人员,由于税收法规和企业会计准则的繁杂和频繁变更,受自身业务素质的限制,对有关税收法规和会计政策理解差异,虽然主观上没有偷税的愿望,但在税收筹划行为上没有按照有关税法规定去操作,就会形成企业税收筹划涉税风险。

由此可见,因税收筹划行为具有的主观性、条件性及征纳双方对税收筹划的认定差异等导致税收筹划存在一定的涉税风险。

四、税收筹划风险管理策略

(一)完善税收相关法律、法规,协调征纳双方对税收筹划涉税事项的认定差异

1.严格界定税收筹划性质,实现税收宏观经济调控职能

企业的发展离不开资金的支持,以企业所有者的视角进行考虑,若想不分配现金股利就能免费获取资金,最佳途径便是不断积累原始资本,增加经营利润,这就使企业将目光投向税收,拥有强烈的节税愿望。正是因为企业拥有这样的愿望并且采取了一系列行动对经营、投资、理财等环节进行筹划,国家才能在经济出现波动时利用税收杠杆发挥其宏观经济调控职能。税收筹划是否合理决定了税收宏观经济的调控职能能否实现,因此要对企业的税收筹划性质进行严格界定,规范市场秩序,促成宏观经济调控最优目标的实现。

2.完善税收相关法律、法规,引导税收筹划健康发展

税收筹划是法律赋予企业的合法权益,在企业进行税收筹划时,为了保证筹划方向的准确、筹划措施的合法、筹划目的的实现,国家有必要对其加以引导和支持。

(1)完善税收制度,根据实际要求出台相应的规范税收筹划的法律、法规。税收法律条文不能晦涩难懂,难以理解,出现歧义,要简单明了,便于理解和操作,弹性较弱。要让企业明确何种行为越过了法律的边界并且会受到何种制裁,降低税收筹划的风险,引导税收筹划在良性的轨道上发展。

(2)可通过公共媒介或者开展讲座等对税法进行宣传和诠释,帮助企业加强对税法的正确理解。

(3)建立税务机关信息共享制度。税务机关信息共享制度的建立可以互通大企业关联交易、关联交易定价制度、以转移利润为目的的资产调整和置换(投资)信息,促进大企业合理、合法地进行税收筹划。

(二)健全企业所得税协调机制,提高经济的区位效率

跨区经营所得税征收管理体制对生产和贸易的区位选择有重要的影响。目前跨区经营的所得税分配方法,仍存在地区间税收收入的差别(所得税汇算清缴所得税收入的40％归属总部所在地政府,就地预缴存在有利润的分支机构所在地政府所得税收入少,无利润的分支机构所在地政府有所得税收入),这可能导致资源的浪费性和错位性配置,降低了经济的区位效率。政府通过完善所得税协调机制,可有效地避免资源的盲目移动,提高区位经济的效率。

(三)树立依法筹划理念,杜绝税收筹划风险

税收筹划的重要性并不亚于企业的任何一项决策,这是一个系统工程,需要管理层多方协调和配合,从全局性的角度统筹安

排,以未雨绸缪的战略眼光对税收筹划风险加以预防和控制,协调、处理好企业财务风险以及税收风险之间的关系,将依法筹划作为税收筹划的根本纲领,牢记于心,最终促成企业经营管理目标的实现。

(四)化解企业购并(关联交易)业务流程隐含的潜在风险,避免税收筹划风险

时代的发展和科技的进步,使得一些不甘于现状的企业寻求边界的扩张,但是在企业购并和关联交易等业务中,巨大的风险相伴而生。企业在进行交易时应提前做好"功课",通过多种渠道对目标公司进行严格审查,以评估其欠税、偷税等行为,尽量避免税收风险。对于关联交易,企业应制定科学有效的定价原则和计算方法,并按照法律规定履行一系列程序,如报税务机关备案、与税务主管机关签订相关协议等。总之,在企业实行购并等经济行为时要对所有可能出现的情况加以考虑,避免业务流程中隐含的潜在风险,从而将税收筹划风险扼杀在摇篮中。

(五)借力纳税评估建立税收筹划涉税风险预警机制,降低税收筹划风险

根据相关规定,税务机关有权依照法定程序运用纳税人的会计信息计算各种税金微观税负指标,将其与涉税风险预警机制中的预警值加以比较,以此对纳税人所纳税款的真实性和准确性做出判断,揪出不合理纳税行为、规范市场秩序、完善征管措施,为税务稽查奠定基础,这一过程被称为纳税评估。企业在进行税收筹划时,应将纳税评估指标作为重要参考因素,将税收筹划中涉及的财务指标与预警机制中的预警值加以比较,如果二者不存在较大差距,则该项税收筹划不存在税收风险;如果财务指标与纳税评估指标相去甚远,则需要放弃该税收筹划或者加以改进。

（六）提高涉税人员业务素质及恰当选择会计政策，提高税收筹划风险的可控性

任何活动都离不开人的参与，税收活动也是如此。作为税收活动主体的人对税收行为是否合法以及税收目标能否达成起到重要的影响作用。因此，企业在进行税收筹划时应认识到涉税人员的重要性，通过多种渠道和方法对其进行宣传、培训、教育，帮助涉税人员拓宽知识面、增强业务能力、提高自身素质。通过税法、审计等知识的学习，提高涉税人员规避税务风险的能力。同时，还要对会计政策进行合理选择并且报主管税务机关备案，如租赁、减值等，切实提高税收筹划风险的可控性。

（七）建立与健全企业组织机构，规范税收筹划风险的管理

1.设立专职税务管理人员

税收筹划工作并不是任何人员都可以胜任的，其专业性要求相关人员必须具备充分的税法、会计等方面的知识，这就要求企业在招聘时提高门槛，录取专业人员，并且成立专门的组织机构。税收筹划工作要求其工作人员在有效进行税收筹划时还要对税收筹划风险加以规避，并制定出相应的预警机制，因此，为确保税收筹划工作的有效性，企业务必设立专职税务管理人员。

2.明确企业在组织结构和业务流程设计上面临的税务风险

要加强企业各部门人员之间的交流与联系，通过共同分析企业组织结构和业务流程，明确企业所面临的税务风险。财务人员、管理层、业务人员等的分析内容具体包括：各种销售流程的税务情况、企业的投资架构、企业的营业范围等。

3.定期稽核企业税务和财务

企业应该具有风险意识，对内部与经营活动相关的税务问题定期进行稽查核实。通过调查研究，企业可以发现自身存在的税

务问题,从而将风险控制在萌芽状态。具体内容包括:相关税收优惠的利用程度稽核、销售及收款业务流程稽核、采购及付款业务流程稽核、特殊税种稽核等。

4.税企沟通

企业应该建立相应制度以方便企业与税务机关进行沟通。在建立信息沟通制度时,要由专业人员在充分收集信息和详细规划的基础上加以确定。税企沟通的加强一方面可以使企业了解税法的最新变化,保证企业的经营活动及税收筹划合法;另一方面可以使税务机关对企业的情况有充分了解,以便及时发现问题。

(八)建立有效的内部控制制度,全面控制税收筹划风险

内部控制贯穿于企业经营管理活动的各个方面,只要存在经营活动和管理,就需要相应的内部控制制度。内部控制制度按其控制的内容可分为多个方面,内部纳税控制制度就是整个内部控制的一部分。企业集团的内部纳税控制制度是指企业集团作为一个纳税人为了提高集团纳税筹划的质量,确保在合理合法的情况下贯彻执行本集团的既定方针,降低纳税筹划的风险,从而实现集团整体效益最大化目标而制定和实施的一系列控制方法、措施和程序。

第四章 企业税收风险的分析识别

税收风险分析识别是税收风险管理中的一项基础性环节,对纳税遵从风险管理的实效性起到至关重要的作用。只有在了解税收风险情形的基础上做好税收风险分析识别工作,通过一系列方法、指标科学准确地找到税收风险源、风险发生的区域、风险点等关键要素,才能对症下药,有针对性、有效率地进行风险的应对处理。

第一节 税收风险情形概述

税收风险一般来源于纳税人不遵从税法管理规定,或者税务人员对税法管理规定的不作为而产生的事项。税收风险事项有的特征较为明显,有的则较为隐晦,所产生的影响有的微不足道,有的影响十分重大。为了避免忽略相关风险事项,最好建立一个税收风险情形库,把税收管理活动中可能发生的风险事项一一列举出来。

建立税收风险情形库,是完善风险分析识别管理工作机制的基础。税收风险识别工作本身就是通过对纳税人的相关涉税信息,分析出可能存在的疑点,并与风险情形库信息进行对比,进而选择风险指标或模型进行识别,并进行风险排序,从而识别税收风险,实施税收管理。风险情形库的建立,也为税务人员对纳税人涉税信息分析提供了索引。风险情形库需要持续修正、改进和扩展,从税收征管实际看,如何理解、使用风险情形库便成为风险分析识别工作的重点,风险情形库也为下一步指标和模型的创建打了基础。

从实践来看,税收风险存在于税收管理的各个环节,"税务风险点"主要包括以下方面。

一、报表层面的风险点

(1)税负率明确低于同地区同行业水平。

(2)成本结构明显区别于同行业同类产品,比如可抵扣进项的成本明显偏高,可能被视为多转了成本。

(3)成本结构与产品配方不符,比如有的企业发生一个产品耗用多个包装盒的低级错误,再比如投入材料与产品没有关系。

(4)成本结构发生明显变化,而又没有推出新配方产品。

(5)毛利率年与年之间、月份与月份之间起伏明显,又没有合理的解释。

(6)毛利率或纯利率远远高出同行,或者远远低于同行,都可能被重点检查。

(7)期间费用率偏高,大部分毛利被费用"吃掉",导致企业微利或亏损,很容易被发现隐瞒收入。或者,期间费用明显偏低,提示可能"另外有一本账",大量白条费用做在"另一本账"上面。

(8)制造费用存在异常,比如水电费与产能不配比、外加工支出与产量不配比。

(9)资产负债表结构异常,有形资产多,产值却很小,"大公司做小生意",可能被怀疑有两本账。

(10)物流费用占的比重偏高,可能被发现隐瞒了收入。

(11)现金流呈负数,可能牵出"两本账"。

(12)存货账实差异大,账多存少(虚库),或者存货时间太长,一直没有动用。

(13)生产环节"在产品"账多实少,被视为多转了成本。

(14)产能分析出现异常,包括设备产能评估、人工产能评估、材耗产能评估、制造费用产能评估、期间费用产能评估,这些产能如果明显低于同行水平,可能存在隐瞒收入。

（15）公司一直亏钱或微利,股东却大量借钱给公司,可能被怀疑有销售收入直接进了股东的口袋。

（16）预收账款挂账时间太长,被强行要求确认收入履行纳税义务。

（17）频繁出现大额现金收支,以及大额现金长期挂在账上,可能存在账外收支。

（18）股东几乎没有缴个税,而股东个人资产很多,提示股东有"账外收入"。

二、账务层面的风险点

（1）股东个人费用,在公司报销。这种情况将被视为分红,企业须代扣代缴个人所得税。

（2）用公司资金购买资产,资产所有人写成股东,资产的费用、折旧却在公司列支。这里有多个问题:股东涉嫌挪用公司资金、股东变相分红当缴个人所得税、股东资产费用、折旧在公司列支也将被视为分红,须缴个人所得税。

（3）没有成立工会,却计提工会经费,发生支出时,没有取得工会组织开具的专用凭据。所得税汇算时,这将被调整。

（4）跨年度列支费用,比如上年 12 月的票据,拿到本年来列支。

（5）不按标准计提折旧。

（6）制造企业结转完工产品成本、结转销售成本时,无相关附件,或者存在随意性,或者不能自圆其说。

（7）以现金支付工资时,无相关人员签字。

（8）工资名单与社保名单、合同名单不一致。

（9）商业保险计入费用,在税前列支。

（10）生产用原材料暂估入账,把进项税额也暂估在内,虚增成本。

（11）过期发票、套号发票、连号发票、假发票等入账列支费用。

（12）货款收回后，挂在往来科目中，长期不确认收入。

（13）非正常损失材料、非经营性耗用材料，没有作进项转出。

（14）捐赠、发福利等视同销售行为，没有确认销售收入。

（15）福利性质旅游和奖励性质旅游混在一起。前者属于福利费，后者属于工资性收入。

（16）非本公司人员在本公司报销费用，比如帮助客户、领导、外部专家报销机票、旅游开支等。

（17）产品移库处理不当，被要求确认为收入。

（18）总公司与子公司、分公司之间关联关系没有撇清，存在价格转移，被税务机关要求按市场定价确认收入。

（19）未经批准，总公司与分公司合并纳税。

（20）应征消费税的小汽车其费用不得抵扣进项。

（21）打折销售、买一送一、销售返利等处理不当，导致增加税收。

（22）股东借支，长期不归还，被视为变相分红，要求缴纳个人所得税。

（23）直营店缺乏独立营业执照，涉税事项牵涉总公司；另外，本来可以按个体身份纳税的门店，却要求按总公司一起查账征收。

（24）对外投资协议不完善，被税务认定为借款，因此所得税的投资收益须再交一次所得税。

（25）借款给关联企业，不收利息，或者利息不入账。不收利息属于"利益输出"，不入账属于隐瞒收入。

（26）固定资产或待摊销支出，没有取得正规发票，折旧和摊销额不能税前列支。

（27）费用项目混淆：业务招待费、广告宣传费、培训费、福利费等有扣除限额的费用，是重点检查项目。

（28）边角余料销售收入明显较高。

（29）财政补贴性资金，核算不当导致税务风险。

（30）关系法人之间，无偿划转资产，包括设备，以及无偿提房产等，均要视同销售或租赁，确认收入纳税。

（31）应收、预收、应付、预付等科目存在虚假户头，并且长期挂账，可能牵出"两本账"。

（32）非生产经营性资产，比如员工上下班接送班车，不得抵扣进项税。

（33）非公司名下车辆，费用不得在公司报销列支（租给公司的除外）。

（34）不同法人主体之间借货还货，虽然不涉及货币收支，但依然是销售行为，应当缴纳增值税。

（35）企业将银行借款或自有资金无偿借给关联企业，或非关联企业，涉及营业税风险。

（36）宣传活动赠送礼品，须代扣代缴个税。

（37）资本公积转增资本，如果涉及个人股东，须代扣代缴个人所得税。因此，不要直接转增资本。股东个人借款转资本，也存在类似风险。

（38）"外账"附件与"内账"明显不一样，包括版式、纸张、签名等。

（39）几乎没有白条，与当前的环境不符，可能提示还有一本账。

（40）差旅费用、招待费用等少得可怜，明显与公司规模不符，提示可能因为现金流不足，有大量费用没有入账，或者有大量白条费用进入了"另一本账"。

三、发票层面的风险点

（1）收到专用发票，却没有用于抵扣，也没有入账。当某一天供应商涉税时，顺着这些发票摸查过来，就可能发现本企业存在

"体外循环"、"两本账"。

（2）供应商不能开专用发票，供应商让他的上家，开给本企业。这种专用发票，不能用于抵扣。

（3）专用发票商品品名与实际清单不符，或者没有清单。

（4）大头小尾发票，手工的是撕下来开，机打的也存在税控机打一联，然后用普通打印机伪造一联的情形。"阴阳发票"性质类似，客户联和记账联、存根联抬头不一致。

（5）买发票的风险：买来假发票、套号发票，也有卖真发票的，但在当月最后一天作废处理，你拿到的发票就成阳废票。

（6）客户方涉税，或者国企受反腐调查，可能把你买的发票事查出来。

（7）第三方开发票，委托付款的风险。增值税法规要求，必须"票、款、物"三统一。

四、账户管理

（1）在银行开具辅助账户，不向税务申报，收入进入这个账户，不确认收入。这种查出来性质比较严重。

（2）个人卡长期使用于收款，而且金额进出很大，累计金额也大。这很容易受到监管，从而查出未确认收入。

（3）个人卡用于收取货款，却同时用于支付供应商款，一旦供应商涉税被查，这些个人卡也就暴露了。

（4）个人卡用于收取货款，同时通知经销商，导致很多人知道这些卡在用于收取货款。

（5）股东个人卡信息被泄露。

（6）反洗钱监控，牵出个人卡收取大量货款的风险。

第二节　税收风险分析识别方法

一、税收风险分析识别的意义

(一)税收风险分析识别的概念

税收风险分析识别即是指在掌握涉税信息数据的基础上,以税收风险指标体系为依据,以定性和定量分析为基本方法,辅以数据挖掘技术以及量化模型等,对潜在的税收风险以及税收风险的发生源、发生区域、涉及行业和相关人员等进行分析和确定的过程,从而便于有效进行税收风险管理。

(二)税收风险分析识别的分类与层级体系

税收风险分析识别是一个庞大的体系,按照不同的层级范围分为宏观税收风险分析识别、行业税收风险分析识别和微观税收风险分析识别。

1.宏观税收风险分析识别

宏观税收风险分析识别主要建立在税收及相关法律制度、宏观税收经济指标等基础上,通过对纳税人的遵从态度和行为等进行调查分析,从整体层面上对税收风险源、税收风险发生的区域和程度等进行把握,既为宏观税收风险管理提供依据,又为微观税收风险管理提供向导。

宏观税收风险分析识别具体可以分为以下四个方面。

(1)以宏观经济发展趋势为重要指标。从宏观经济发展的变化来窥视遵从发展的变化,分析识别遵从水平变化的早期迹象及发展趋势。例如,将增值税收入与 GDP 的变化趋势进行比较,若增值税收入与 GDP 的变化是同步的,则表明总体遵从发展趋势较好;若 GDP 的变化比增值税收入增长变化快,则表明遵从发展态势严峻,税收流失风险有所增加。

(2)以征收率为重要指标。将税收的实际征收额与预估纳税能力进行对比,在计算出征收率的基础上对征收率水平和变动进行分析,对征收率不足的行业和地区加以识别,挖掘税收征管的潜在力量。例如,在成品油产业链中,将汇总后的成品油生产企业的产量和库存与各零售企业的销售额进行对比,以此判断各零售企业是否存在税收风险。

(3)以现有税收制度为重要指标。随着时代的发展和社会的进步,所有旧的东西都必须与时俱进,被赋予新的内涵,税收制度也不例外,而税收制度的变化或是对税收制度认识不足则可能引起税收风险。通过对现有税收制度加以分析,既有助于企业发现自身存在的问题,也有助于相关立法部门发现税收制度存在的漏洞。

(4)以纳税人的分类为重要指标。在实际的经济生活中,通常按照行业、规模或是税种等对纳税人进行分类,以此作为了解、掌握纳税人遵从风险的手段。例如,按照税收管理的环节,将风险界定为税收登记认定风险、低申报风险和入库风险等。这是利用相似风险特征对纳税人进行的分类,为工作人员科学准确地分析识别遵从风险提供了便利。

2.行业税收风险分析识别

在宏观税收风险分析识别和微观税收风险分析识别之间还存在一个中观层面——行业税收风险分析识别。行业税收风险分析识别以宏观税收风险分析识别为基础,为微观税收风险分析识别提供依据,在整个税收风险分析识别体系中起到重要的承上启下的作用,成为税收风险分析识别过程中的核心环节。

3.微观税收风险分析识别

顾名思义,微观税收风险分析识别即从微观层面如税收风险源、税收风险环节等对纳税人的税收风险做深入、细致的分析。涉税信息数据是进行微观税收风险分析识别的基础，因而能否充分、准确地收集涉税信息数据对税收风险的分析识别起到至关重要的作用。在微观税收风险分析识别中，通常会建立微观税收风险指标体系，并通过数理统计等方法对税收遵从风险进行分析识别，进而不断总结和提炼出其中蕴含的特点和规律，不断增强整个分析识别过程的准确性和科学性。

(三)税收风险分析识别的作用

根据调查显示，在全球范围内，跨国公司、大型企业等是税收风险存在的主要区域，这些企业往往在世界经济舞台上扮演着重要的角色、发挥着重要的作用，因而进行税收风险分析识别就显得尤为重要。税收风险分析识别主要有以下三个方面的作用。

(1)为成功实现税收风险管理目标提供必备条件。只有在掌握并运用了科学的税收风险分析识别方法之后，才能找到与税收风险产生相关的一系列要素，深谙税收风险发生的规律，从而为有效控制和排除税收风险、预防税收风险产生提供重要的依据，促进企业税收风险管理目标的顺利实现。

(2)体现了税收风险管理过程的科学技术性。税收风险分析识别是一个复杂的过程，需要将税收风险管理业务与现代科学技术(如计算机信息技术)有机结合，辅以相关学科(如计量经济学、数理统计学)的理论知识以及现行税收法规，进行全面、具体、有深度的分析和研究，才能准确地找到税收风险源以及发生的区域、涉及的行业和相关人员等关键信息。因此，税收风险管理的分析识别环节最能体现税收风险管理过程的科学技术性，对有效提高税收风险管理的效果起到重要作用。

(3)为后续税收风险管理环节的进行打下基础。在税收风险管理中，风险的分析识别是开展一切工作的前提条件。只有科学准确地对风险加以分析识别，才能有效进行风险等级测度排序、风险预警和风险应对控制等程序。税收风险分析识别起到风向标的作用,不仅能够准确、全面地引导后续工作的展开,还能为税收风险的处理提供新的方法和思路,增强处理这类问题的经验,从而有效提高税收风险管理的专业水平和整体效能。

二、税收风险分析识别的原则

(一)规范化原则

第一,按照规范化建立税收风险分析识别的相关制度和标准,明确风险分析识别的岗位职责,结合区域税源和税收的情况,确定风险分析识别的工作流程和主要内容,建立风险分析识别的工作机制,根据不同层级的税收管理任务目标,确定税收风险分析识别算法,计算和调整相关参数,建立绩效考核机制等。第二,强化风险分析识别对各类税收风险的统一分析、集中管理,避免在实际工作中的多头分析、各自为政的弊端,确保各级税务机关税收风险分析识别策略和方法的规范化、标准化和一致性。第三,顺应征管数据和业务大集中的发展趋势,适度上收和集中风险分析管理职能及分析人员,提高总局、省市局在税收风险分析识别中的专业能力和水平,为建立全面科学的税收风险分析识别体系提供框架和指引。

(二)主导性原则

税收风险表现为很多方面,但税收风险管理是以纳税遵从风险管理为主,所以税收风险分析识别也是以纳税遵从风险为主要分析识别对象,而其他如征管质量考核和税务执法风险只是辅助性的分析识别手段。也就是说,对纳税遵从风险进行了科学分析识别并得到及时有效控制和排除,征管质量绩效考核就会相应提高,税务执法风险也能有效防范和降低。

(三)系统性原则

税收风险的产生和发展具有系统性的规律和特点,所以税收风险分析识别也应该遵循系统性原则,按照科学的流程系统全面地分析识别税收风险发生的规律和特点,从不同层次、不同角度寻找税收风险发生的区域、行业和纳税人,进而找到真正的产生税收流失的漏洞,即税收风险点,预测估算可能产生的税收流失后果,进一步测度风险的危害程度,为采取有效的风险应对策略提供决策依据。

(四)专业性原则

税收风险是一个复杂的系统,包括不同层面、不同区域和行业、不同类型、不同性质、不同风险损失程度。由于税收风险的复杂性特点,使得在选择分析识别算法时,应根据税收风险本身的特点,结合现有信息数据资源研究适合于不同层面、不同规模和行业的风险分析识别算法及相关预警参数、系数标准,建立和完善税收风险分析监控模型,总结特点规律后分类应用,提高风险分析识别的专业化水平。

(五)科学化原则

第一,风险分析识别是定性分析与定量分析相结合的过程,有其固有的流程路径和内在规律要求。所以,在定性分析判断的基础上,更重要的是要遵循科学化原则,按照风险分析识别的流程和要求,以科学的分析方法为工具,对涉税信息数据进行整理和测算,分析识别出真正的税收风险源,得出科学合理的分析预测结果。第二,综合使用多种风险识别算法及相关标准,反复训练、校验,形成具有普遍指导意义的风险分析监控模型,经实践检验后在全国范围内推广应用,提高税收风险分析识别的科学性和准确性。第三,以纳税遵从风险分析识别为主,同时将税收风险分析识别方法和计量技术运用到税务登记、认定管理、发票管理、申报征收管理、纳税人满意度测评及税务执法风险等税收征管全过程中,将纳税遵从风险管理、纳税人满意度管理、税务执法风险管理系统并轨运行、有机结合,建立全面的税收风险管理防范体系。

三、税收风险分析识别技术与方法

(一)税收风险分析识别的技术

1.税收风险分析识别技术的应用现状

税收风险千变万化,为了及时防范和控制税收风险,需要风险分析识别具有相应的前瞻性和时效性,而且税收风险分析识别要对海量的税收经济运行变化数据进行加工处理和计算,所以要充分运用计算机信息技术和分析技术,促进税收风险分析识别高效运行和实施。

目前,各地税务部门对探索建立的税收风险特征库技术中税收风险分析识别技术的应用已经积累了一定的经验,但由于各地税务部门征管改革的进程不同,税源经济结构和信息技术发展也存在差异,税收风险分析识别数据库技术的开发和优化改进尚存在一定差距。在技术应用方面,大多数还只是应用指标判别法进行风险识别,对建模分析技术的学习训练、深度开发应用不够,综合识别校验能力不强;很多地区主要是根据人工经验和其他地区的指标设置标准和参数,缺乏合理准确的依据,税收风险分析识别的科学性、指向性和有效性有待于全面提升。

2.税收风险分析识别技术应用

税收风险分析识别主要是运用计算机信息技术手段,综合运用数据挖掘分析与情报管理技术技能、信息系统设计和运行的技术和技能、应用数学、数理统计学和统计技术技能等进行综合开发利用的过程。

根据训练样本是否带有类别标记的信息,可以把税收风险分析识别应用技术分为有监督学习和无监督学习。

（1）有监督学习技术方法

这一方法又被称为参数的监督训练法、类比学习等，通常以训练样本为参考，大致包括以下三个步骤：①分析模型对带有类别标记的样本加以学习；②确定模型的结构、参数等基本要素；③对其他类别的样本进行判断和识别。以医生诊疗作比，只有通过吸收已知病例的诊疗经验，对病症有详细了解，才能准确诊断出其他病人的病情，有监督学习技术方法也是如此。计算机要先对样本加以学习、了解，才能以此为参照，识别其他样本的类别并且进行判断。在数据分析的算法中，很多智能统计方法可归类为有监督学习技术方法，如决策树、判别函数法、遗传算法等。

在国外，很多国家都在税收风险管理实践中对有监督学习技术方法加以应用。例如，在增值税风险管理方面，德国率先建立了一个案件数据库，包括增值税欺诈、循环骗税等，与此同时还建立了一个全国范围内的增值税信息系统。以增值税案件数据库和信息系统为基础，一个依托人工智能技术、专门针对增值税的风险管理系统应运而生，主要目的是对高风险的增值税纳税人加以自动识别。其中，增值税案件数据库相当于有监督学习技术方法中使用的有风险类别标记的样本及有关参数。

（2）无监督学习技术方法

无监督学习技术方法即在没有可使用的风险类别标记样本和参数的情况下使用的方法。当无法使用有监督学习技术方法时，就必须借助计算机的分析模型算法对未知样本的内部特征加以研究，寻找出其中的规律特征，从而对样本进行分类、识别、判断，这一方法即成为无监督学习技术方法。聚类分析算法、综合评价方法等均属于无监督学习技术方法。

将有监督学习技术方法和无监督学习技术方法加以比较可以发现，前者因为有可使用的类别标记样本和参数为依据，故识别精确度要高于后者，在税收风险管理中优先使用。

(二)税收风险分析识别方法

1.税收能力估算法

(1)含义和特点

税收能力估算法也称税收流失估算法,简言之,就是通过纳税能力对税收风险加以估算、识别,具体来说是以企业的税收收入数据为参照,通过科学的方法对涉税经济数据加以调查和分析,估算出企业潜在的、最大的税收能力,以此与实际税收作比较,判别某企业是否存在税收流失风险。

税收能力估算法主要是在现行税收政策的基础上对企业的涉税信息数据加以调查、分析,估算出一定时期内企业应缴纳的税款,将这一数额与企业实际缴纳的数额作比较,二者的差额即可确定为税收流失额。

(2)税收能力估算方法

以程序和路径为标准,税收能力估算方法可以分为两类:自上而下和自下而上。宏观层面通常是采取自上而下层层估算的方法,而微观层面更多的是用自下而上的方法。据调查可知,我国在进行税收流失估算时常采用投入产出模型和随机边界模型。通过计算出企业潜在的、最大的税收能力,对税收流失状况,风险程度等加以分析。运用税收能力估算方法不仅可以识别风险,还可以预防风险、对风险管理进行评估等。

①自上而下的方法

第一,自上而下的方法是利用国民经济核算的宏观经济数据,根据现行税收制度和政策,应用税收经济学、统计学和国民经济核算相关原理、模型及方法,按照从国家到地区,再到行业和纳税人的层级关系,自上而下估算理论税收收入,接着按照既定公式将这一数额与实际税收收入进行计算,即可得到税收流失的估算值。这一方法通常用于估算税制设计相对简单、涉税信息数据比较容易获得、涉税经济指标较为全面的间接税的税收流失,例如关税、营业税、增值税、消费税等。所以,税收能力估算更多地被用于宏观分析识别。西方国家如瑞典、英国等对货物税之类的间接税的流失估算大抵都是采用这一方法。

自上而下法是建立在宏观经济统计数据基础上的税收风险分析识别方法,其优点主要有:①数据收集整理的成本较低;②操作较为简单;③人、财、物的消耗较少。其缺点主要有:①难以确定是否包括非法经济活动,通常情况下是不包括的;②假设条件较多,有些税收政策无法体现,估算的准确度受到一定的影响;③无法提供比较详细的信息。

第二,自上而下的方法主要有两种思路对税收能力和税收流失进行估算。①以税基为标准,寻找宏观统计数据中与之相近的指标,再根据具体情况如税收政策规定的抵免、优惠等加以调整,从而估算出企业的税收能力。上文已经提到我国在进行税收流失估算时常采用投入产出模型和随机边界模型,而常用的模型方法则有增加值法、投入产出法等。之所以采用这些方法,是因为其应用的经济指标与我国的税收政策较为适应,之间的联系较为紧密,操作较为简单。②以税收和经济的关系为参照,通过采用税收经济模型对涉税数据加以利用,估算出企业的税收收入能力。这一思路下常用的方法有税柄法、包络模型法等。

第三,自上而下估算的步骤和方法如下。

第一步,用代表性税制法(Tax Representative System)估算纳税能力。代表性税制法也称 RTS 法,最早是由美国政府间关系咨询委员会首创,旨在比较各州间纳税能力的大小。借鉴国外RTS 法体系,我国 RTS 法也应由五个基本要素组成。一是收入覆盖范围,二是税源分类,三是标准税基的定义,四是标准税率的定义,五是对标准税基按标准税率测算所得纳税收入汇总计算。估算公式如下。

$$TC = \sum_{i=1,n} SR_i \times SB_i$$

其中,TC 表示某地区标准税收收入或称理论收入,SR_i 为第一个税种的标准税率,SB_i 为第一个税种的标准税基。

第二步,估算税收流失。估算公式如下。

税收流失的估计值＝TC－实际征收的税收收入

第三步,这种方法步骤可应用于国家或地区的总体税收流失估算,也可以用于税种或(和)行业税收流失估算。

第四步,纳税能力和税收流失估算方法的应用如下。

由于消费税是按产品品目征税,不同的产品适用税率不同,有的同一产品不同种类税率也不同,因此需要分别计算出消费税纳税能力和入库税收。表4-1通过计算各品目的消费税征收率反映征收力度和税收流失情况。

表4-1　某年某省消费税纳税能力估算表　单位:万元

项目	代理税基	法定及代表税基	纳税能力	入库税收	征收率(%)
一、烟	1052046	38.3	402934	385621	95.7
二、酒及酒精	560224	11.1	62187	47522	76.4
三、化妆品					
四、护肤护发品	97217	6.9	6708	5628	83.9
五、贵重首饰及珠宝玉石	37868	5	1546	1492	96.5
六、鞭炮、烟火	433	15	65	62	95.4
七、汽油(万吨)	87	0.2	24151	22318	92.4
八、柴油(万吨)	181.4	0.1	21333	17998	84.4
九、汽车轮胎	116756	10	11676	9769	83.7
十、摩托车					
十一、小汽车	1329724	3.91	51992	43216	83.1
合计			582592	533626	91.6

从表4-1可以看出,各品目的消费税征收率各不相同,征收率的反向指标就是流失率。征收率越低,流失率越高,从而可进一步分析识别流失率高的品目纳税人遵从问题及税收征管问题,发布预警信息,采取有效措施加以控管。

②自下而上的方法

第一,含义和特点。

与以宏观涉税经济数据为基础的自上而下方法相对应的自下而上方法则是以微观纳税人的涉税经济数据为基础,运用统计学等学科的相关原理测算出样本的潜在税收收入能力,在将其与实际税收收入进行计算,估算出测算样本的税收流失量。微观纳税人的涉税经济数据既包括税务部门掌握的纳税申报数据和经过调查得来的信息数据等直接数据,也包括从政府、专业机构获取的间接数据。这一方法主要运用数理统计推断技术,自下而上对企业的税收流失情况加以推断和估计。这一方法通常用于估算税制设计较为复杂、涉税信息数据不易获得的直接税的税收流失,例如法人税、所得税、赠予税等。很多西方国家运用自下而上的方法对企业和个人所得税能力加以测算,从而估算出税收流失,如美国的税收遵从评估项目(TCMP)和国家研究项目(NRP)。

自上而下的方法和自下而上的方法是相辅相成、互为补充的,以微观数据为基础的自下而上方法客观上弥补了自上而下方法的不足,即能够从不同维度发现税收流失的规律,对有逃税和欺诈嫌疑的纳税人的行为特征加以识别。

与自上而下的方法相比,自下而上的方法有其独有的优势,但也存在自身无法克服的弊端。优点主要有:①由于是从微观层面对数据进行采集,能够提供较为详细的估算信息和资料;②由于采用随机抽样的方法,估算结果更为可靠。缺点主要有:①在实际测算过程中不能完全遵循随机原则,这就导致了获取尽量真实的微观数据相对比较困难;②在抽样调查过程中由于人为因素影响较大,有时难以发现逃税和欺诈问题,即使发现了也可能出现低报或者无响应的情况;③数据收集、整理、计算等一系列程序使得估算周期较长,人力、物力、财力耗费的成本较高;④账证不健全或者灰色交易的存在大大影响测算的准确度。

第二,自下而上方法的基本步骤如下。

第一步,科学抽取样本。在设计抽样方案时,统筹全局,根据税收流失估算的目标,将不同行业、不同纳税人等的情况均列入考虑范围,还可结合纳税遵从情况。在实际操作中,可根据具体需要增加高风险行业的抽样权重和次数。

第二步,选用能力突出的税务人员和科学的计算方法。为确保测算的精确性,在进行数据调查、分析时可尽量选用技术水平高、经验丰富的工作人员;为及时、准确地发现逃税和欺诈等数据,可采取统计插值计算办法。

第三步,多渠道获取第三方信息。通过直接和间接的方法采集信息,确保信息的全面和准确。在计算出税收流失后可通过放大乘数进行放大,估算出总体税收流失。

由上述可知,自上而下法和自下而上法既相互补充,又各有利弊,为确保税收风险分析识别的准确性,在实际运用中必须将两者加以结合。

西方国家税收能力估算的实践显示:①个人所得税与企业所得税相比,前者的风险要高于后者;②对个人所得税来说,自我雇佣的收入税风险要高于工资薪金及投资的收入税风险;③对企业所得税来说,大企业与中小企业相比,其税收流失更为严重,风险较高;④若是企业税收数据有第三方加以验证,则税收风险较小;⑤微型企业常存在不申报的情况,因而税收风险较大;⑥增值税流失占总体流失的比重较大,约为25%。

2.企业内部流程风险分析识别法

(1)含义

它是将纳税人的涉税生产经营过程及其内在的逻辑关系绘成流程图,针对流程中的涉税关键环节和涉税薄弱环节进行税收风险分析识别的过程和方法。这种方法适合对生产经营复杂、规模较大的集团企业进行税收风险分析识别。

(2)流程分类

第一,按照流程路线的复杂程度划分,可以将绘制的流程图分为简单流程图和复杂流程图,简单流程图是根据大致流程对纳税人的纳税过程进行分析,在进行风险识别的时候,用连线将主要流程的内在联系勾画连接出来。复杂流程图是用连线将生产经营过程中的每一程序及各个环节连接起来,据此对纳税人的纳税过程详细地进行分析,并进行风险识别。第二,按照流程的内容划分,可以分为内部流程图和外部流程图。内部流程图是根据纳税人从生产经营、会计核算、计税依据、应纳税额的计算到申报缴税活动的全部流程路径绘制的流程图。外部流程图是根据纳税人从税务登记、纳税申报、税款缴纳、纳税评估、税务稽查等外部纳税活动为主要流程路线绘制的流程图。第三,按照流程图的表现形式划分,可以分为实物形态流程图和价值形态流程图。实物形态流程图是以实物在生产过程中运行的路径而绘制的流程图。价值形态流程图是根据标有价值的流程路径绘制的流程图。这些路径反映了生产经营过程中的内在联系。

(3)流程分析识别方法

通常分为静态分析和动态分析两种方法。

①静态分析就是对流程图中每一个环节逐一调查分析,结合税收政策,找出潜在税收风险环节和风险点,并分析风险可能造成的税收流失损失后果。

②动态分析则着眼于流程图各个环节之间关联变动关系,找出税收风险的关键环节,揭示其具体风险点。例如,某服装公司的主料和辅料在加工清洁后都要汇集到半成品库,然后开始缝制,那么半成品库就是整个生产流程中一个非常关键的环节,半成品库如发生重大事故,公司将可能面临不能按合同如期交货而形成的产品责任风险,进而产生纳税风险。假如公司的产品85%外销美国,那么造成美国拒绝或减少购买中国成衣的因素,就是该纳税人中断经营和销售的风险隐患,也是税收风险的来源和关键风险点,应重点关注和分析识别。

3.管理经验税收风险分析识别法

这种方法适用于微观税收风险的分析识别。它是根据管理人员日常税收管理中掌握积累的纳税人税收与生产经营情况匹配程度的经验数据和提炼的相关信息,如税收风险易发地区、行业、纳税人类型等经验信息,总结税收风险的产生和变化的特点规律,分析特定纳税人的风险状况及可能带来的税收流失的风险后果。例如,税务人员在日常管理中对一些如电解铜等高耗能行业进行风险分析识别时,会发现其产量与其耗能的比例关系,通过建立产销量之间、销量和销售额之间的模型,得出其耗能的变化与其销售收入的变化经验数据,进而构建行业模型,找出行业中的税收风险对象及具体风险点。

管理经验法通常要与关键指标分析方法结合运用。目前,我国已经在电解铜、电解铝、不锈钢压延业等多个行业建立了以能耗为主要指标和参数的行业风险监控模型,就是把管理经验法和关键指标分析方法有机结合,取得了很好的成效。

4.德尔菲法

(1)含义

德尔菲法又称专家意见法,是一种比较简单、容易操作又很实用的方法。它是20世纪40年代由O·赫尔姆和N·达尔克首创,经过T·J·戈尔登和兰德公司进一步发展而形成的一种有效分析判断方法。它是采用背对背的通信方式征询专家小组成员的预测意见,经过几轮征询,使专家小组的预测意见趋于集中,最后做出符合未来发展趋势的预测结论。德尔菲法被广泛应用到各种预测和决策管理过程中。

(2)在税收风险分析识别中的运用

对于税收风险成因比较复杂、影响比较重大而又无法用通常的分析方法加以识别的重大税收风险,德尔菲法是一种十分有效的风险分析、判断识别方法。

(3)应用流程

运用德尔菲法进行税收风险识别时一般可采取以下程序:第一,税务机关相关管理人员首先制订税收风险调查方案,确定风险调查内容、事项及环节。第二,聘请若干专家,由税收风险管理人员以调查表的方式向有关专家提出问题,并提供纳税人涉税运营的有关资料。这里专家组成员应是来自不同领域的行家,包括税务系统内外的有关专家;提供的涉税资料应该全面、细致和真实。第三,专家们根据调查表所列问题并参考有关涉税资料相应地提出自己的意见。第四,税收风险管理人员汇集整理专家们的意见,再将不同意见及其理由反馈给每位专家,让他们第二次提出意见和观点。第五,多次重复第三、第四步骤,使意见逐步收敛和集中,由税收风险管理人员根据实际需要集中观点,得到基本上趋于一致的结果,最后汇总分析,得出分析结论。

5.事故树分析法

事故树法又叫故障树法,是分析问题时广泛使用的一种有效方法。它是利用图解的形式将大的故障分解成若干小的故障,或对各种引起故障的原因进行层层分解,形成树状图形,因而称故障树分析法。在对税收风险分析识别时,故障树法可以通过税收风险指标将面临的主要税收风险层层分解成若干细分指标,进行深入分析识别,最终找到产生税收风险的风险源、风险点及深层原因。

6.案例分析识别法

案例分析识别法具有较强的实用性和可操作性,对分析识别案例所涉及的行业及具体纳税人税收风险环节的管理有较强的直接性和针对性。

它是通过选择具有典型意义的税收风险应对处理的管理案例,如税务稽查案例进行深入剖析,分析案例中所反映的风险易发行业、风险易发环节,对经营性质、经营方式、交易对象、核算方式、财务数据等方面的税收风险特征规律进行总结和指标数据的提炼整理,运用数理统计学相关方法进行论证和推断,进而形成行业税收风险分析识别和控制的方法。

案例分析识别法受所涉及的行业业务类别和税收风险的环节所限,具有一定的局限性,对不同行业、不同涉税业务的税收风险的分析识别不一定具有广泛的指导意义。

第三节 税收风险指标体系的构建

一、构建税收风险指标体系的意义

(一)税收风险指标体系的概念

税收风险指标反映了税收风险特征的范畴和具体量化的数值。如税收收入变动率、增值税税负等指标。但是,单一的指标无法全面系统反映税收风险的特征和规律。如纳税人的税收收入指标只能反映纳税人本期实际的税收收入情况,不能反映和说明是高还是低、是否存在涉税风险等,更不能全面反映纳税人税收风险特征和风险状况。所以,需要构建一组由若干相互联系、相互影响的涉税指标组成的指标集合,系统全面地反映和说明税收风险的特征及规律。这个指标集合称为税收风险指标体系。

(二)税收风险指标体系的组成与分类

(1)按照经济税源决定税收的原理,税收风险指标体系包括三部分内容。

①税源经济指标,这是反映涉税经济活动及行为的特征的指标。如国内生产总值、销售收入、主营业务利润等。

②税收收入指标是反映税收收入总量规模、结构及变动的指标。如税收收入增长率,增值税的比重、欠税率等。

③税收经济关系指标是反映税收经济关系数量特征的指标。如平均税负、税收弹性系数等。

（2）按照组成指标体系的层级关系，税收风险指标体系包括以下几方面内容。

①宏观税收风险指标，它是主要反映宏观经济发展与税收之间的关系及数量特征的指标。包括宏观税负、税收弹性系数、征收率等。

②行业税收风险指标，是反映税收增长与产业、行业经济发展之间的关系及数量特征的指标。如行业平均税负、行业增值率、利润率等。

③微观税收风险指标，是反映纳税人生产经营活动与税收收入之间数量关系及特征的指标。如企业实际税负、税收收入增长率、主营收入变动率等。

（3）按照指标体系评价的内容，税收风险指标体系包括以下几方面内容。

①纳税遵从风险指标，是反映纳税人纳税遵从风险的指标，如企业实际税负、申报率、企业税收弹性指标、税收贡献率等。

②税务机关执法监督指标，是反映税务机关征管质量和执法方面数量特征的指标。包括税务登记、认定、税款征收过程中的执法考核监督等指标。

（4）按指标体系评价的方向，税收风险指标体系包括以下几方面内容。

①正指标，它与考核评价方向相同，与税收风险程度相反，因此指标数值越高，税收风险越低。如征收率、增值税税负、税收收入增长率、利润率等。

②逆指标，也称反指标，与考核评价方向相反，与税收风险程度同向，指标数值越高，管理质效越低，税收风险越高。如税收流失率、成本费用率、单位产品耗电量等。

③适度指标，是需要综合考量的税收风险指标。通常条件下，指标数值过高过低都会带来税收风险，适度适中为合理或无风险特征。如税收弹性指标、配比分析指标。税收的变动与财务指标变动应该保持同步和适度协调变化，成本变动和主营收入变

动应该保持同步和适度协调变化等。

(5)按指标对税收风险的影响程度不同,税收风险指标体系包括以下几方面内容。

①一级税收风险指标,通常是反映税收经济关系的关键指标,如税负、弹性等。

②二级税收风险指标,通常是反映税收收入变化的指标,如税收收入的增长率、税收贡献率等。

③三级税收风险指标,通常是反映税源影响的指标,如反映纳税人生产经营的财务分析指标等。

二、税收风险指标体系构建的思路与方法

(一)税收风险指标体系构建思路

按照经济决定税收的基本原理,在一定的税制条件下,一定的涉税经济活动就应该产生相应的税收能力,两者应该相符合一致,不存在偏差和缺口。但是,在各国的税收征管实践中,两者往往是不相符的,存在税收流失的风险缺口问题。所以,税收风险指标构建的基本思路就是要考虑这一基本的经济学原理。要首先构建税源经济指标,然后构建税收指标,最后把税收指标与税源经济指标进行对比,构建税收经济指标,反映税收指标和税源经济指标是否相符一致,进一步反映税收风险特征和变化规律。组成税收风险指标体系具体步骤如下。

(1)根据涉税经济活动决定税收的原理,税收风险指标的构建应该首先根据税源经济发展的实际状况和发展趋势,构建和确定税源经济指标。如经济总量、经济增长率、利润率等。

(2)结合税收制度和政策,构建和确定纳税能力指标。

(3)结合税务登记、认定、发票管理、申报征收等情况,构建税收收入类和税收征管类指标,如登记率、申报收入入库率、税收收入变动率等。

（4）用税收收入类指标与税源经济类指标对比，构建税收经济关系指标，如把税收收入与主营收入对比构建的税负指标、弹性指标等。

（二）税收风险指标体系构建方法

1. 构建税收风险指标体系时应考虑的因素

（1）税源因素。主要包括税源所处的经济环境，经济发展水平与经济景气状况，经济调控重点与发展趋势，区域行业结构特点与发展趋势，重点行业分布状况，重点风险行业分布状况，行业经济周期与季节变化特点规律等。按照税收风险管理的理念，首先选择重点经济发展区域和重点行业作为税收风险指标体系构建的重点。

（2）重点行业税收风险特点。要考虑重点区域及重点税源行业的税收风险特征和规律、税收风险易发环节及关键的税收风险点。通常对税收风险易发环节及关键的风险点要加大指标构建力度。如汽车4S行业维修服务申报的利润率通常偏低，信息不对称造成的涉税风险较大。因此，维修服务的成本费用率和利润率之间的关系是重点要构建的风险指标和指标体系。

（3）税制因素。要综合考虑税制改革的发展趋势、税收政策调整因素以及各税种结构特点与税收风险之间的关系和特点规律。涉税业务复杂、涉及的税种多，税收风险指标体系包含的指标变量也应增加，反之则应减少指标变量。如涉税业务中增值税占比大，与增值税相关的税收风险指标在税收风险指标体系中占比也要大些。

（4）涉税生产经营因素。涉税生产经营活动可分为单一经营和多元化经营，各具有不同的特点。单一经营的企业特点具有单一性和专业性，经营范围具有区域性和行业性；而多元化经营的集团企业通常经营范围广泛，具有跨行业甚至跨产业的特点，经营范围通常跨区域、跨省甚至跨国，涉及母子公司关联交易、进出口业务、非居民业务等。因此，单一经营涉及的税收政策及涉税业务相对简单，税收风险指标体系中的指标相对较少；多元化经营涉及的税收政策及涉税业务相对较为复杂，税收风险指标体系涵盖的涉税业务及税种也要复杂些，指标体系中包含的单项指标相对较大，内容更丰富。

（5）指标的干扰因素。这里的指标干扰因素，一方面指宏观经济调控、经济周期、市场竞争及季节等客观因素对指标的波动影响；另一方面指征纳博弈因素的影响，如房地产行业的纳税人在销售收入的及时确认问题上容易产生筹划避税的涉税风险问题，那么在对销售收入的指标构建方面应进一步细化分解，增加指标变量，加大指标构建的力度。

2.税收风险指标体系的构建方法

（1）仿生法构建法。任何涉税经济现象都有其本身内在属性特点和经营规律。按照生产经营活动在采掘、加工、生产、销售、服务产业链上所处环节的不同，不同地区、不同规模、不同行业的生产经营特点有所不同，适用的税收政策、税收风险因素、表现特点及风险程度也不尽相同，如煤炭采掘业的涉税风险特征与金融业有所不同，风险程度要高于金融业；国有大中型企业的税收风险小于中小民营企业等。所以，不同区域特别是不同行业税收风险指标体系呈现不同特征。如汽车4S店的税收风险指标体系与房地产行业的税收风险指标体系就有显著区别。因此，我们在构建税收风险指标时，应尽量反映区域经济和行业的涉税活动的内在生产经营的本质属性特点和规律、税收政策要求的本质属性及税收风险特点表现和规律。

（2）分层、级构建法。第一是分层构建。按照税收风险指标构建的基本思路，首先构建宏观的税收风险指标子体系，其次构建行业税收风险指标子体系，最后构建微观纳税人层面的税收风险指标子体系，也即是从"面"到"线"再到"点"，分层构建，形成全面系统的总体税收风险指标体系。第二是分级构建。主要是针对不同层面的税收风险指标子体系,进一步分解和细化分类构建,反映和评价税收风险形成的原因和规律。如微观纳税人层面的税收风险指标子体系应该包含纳税人税源类指标、税收收入类指标及税收经济关系指标三部分。税收经济关系类指标直接反应税源与税收的一致性,从中可以直接反映税收风险状况,对税收风险的影响程度至关重要,因此是反映税收风险的一级重要指标,如房地产业的税负、税负变动率、所得税贡献率等指标属于一类指标;影响一级指标变动的税收和税源类指标是二级重要指标,如单位建筑面积销售收入、销售利润率、单位建筑面积成本费用率,它们影响企业税负及税负变动,属于二级指标;单位建筑面积土地成本、单位建筑建安成本和单位建筑面积期间费用直接影响单位建筑面积成本费用率,属于影响二级指标中单位建筑面积成本费用率变动的三级指标。三级指标还可以进一步细化分解构建为四级指标。分级构建可以分析和了解税收风险指标之间的层级关系,反映影响税收风险的因素及具体原因。

(3)与第三方信息构建法。根据国际上利用第三方信息实施税收风险管理的通行有效做法,是用纳税人的登记、申报的有关信息、计税收入指标等与第三方部门获取的对应指标数据进行对比构建的有关比率、比例指标,可以利用第三方信息监控税收遵从风险。如房地产企业的销售收入与房管部门获取的对应的纳税人的销售收入对比构建的比率指标,可以分析纳税人申报的销售收入与第三方部门获取的销售收入是否符合一致,如果偏差较大,超过一定偏差幅度,则说明纳税人存在少申报销售收入,少缴相应税款的税收遵从风险问题,偏差越大,风险程度较高。

(4)按考核评价方向构建。系统完整的税收风险指标体系应包括两个方面,正向构建和逆向构建。正指标,即指标数值越高评价效果越好的指标,包括征收率、税负率、税收收入变动率、利润率等;逆指标,即指标数值越高评价效果越不好的指标,如流失率、成本率、成本费用率、工资费用比率等。

第五章 税收风险的管理与应对

税收风险的管理与应对是税务机关的工作重点,国家各级税务部门通过各种方法完善相关的税收政策,以便科学合理地避免税收风险的发生,或者将税收风险带来的危害降到最低。税务机关通过对纳税人的涉税风险进行分析和识别,采取不同的风险应对措施,以达到最终的税收目的,促进全社会的纳税遵从。

第一节 涉税信息的采集与管理

想要更好地应对税收风险,就应该重视涉税信息的采集与管理,因为信息不对称是影响企业风险管理的重要因素。企业应该建立科学、系统的涉税信息采集和管理机制,提高信息质量,改善涉税信息不对称的现状,以便更好地应对税收风险。

一、涉税信息数据的采集

(一)涉税信息数据采集的意义

运用科学、合理的方式进行涉税信息数据采集,保证信息的有效性,并有组织、有计划地采集信息并进行统计和整理,根据信息调查整理的结果寻找规避税收风险的方法。科学合理地采集和分析涉税信息有助于企业进行风险监控,可以建立税收风险预警,帮助相关部门更好地应对税收风险。

涉税信息数据分为两种,原始资料和次级资料。原始资料是指未经任何加工的纳税人资料,又称为第一手资料;次级资料是指经过加工的纳税人资料,这些资料都是在原始资料加工的基础上得来的,次级资料可以反映纳税人数量特征的涉税信息资料,次级资料也可称为间接资料。

(二)涉税信息数据采集方式与方法

1.实地直接观察调查法

实地直接观察调查法是采用实地考察的方式进行数据采集的,调查人员在纳税人的生产经营场所进行考察,收集涉税信息数据。这是一种直接的数据采集方法,调查人员与纳税人及其生产经营场所直接接触,从而获取纳税人的原始材料。调查人员的调查范围具体包括,纳税人的生产经营和工艺流程;原材料消耗、能耗及产能状况和变动情况;原材料及生产产品的库存情况和变动情况;纳税人的一系列源指标;纳税人的纳税能力。

2.税收统计报表法

税收统计报表法是通过报表自下而上收集涉税信息数据的一种采集方式,报表按照规定的要求制定,统一发放。这种数据采集方式是我国税务管理部门常用的一种数据采集方法,税务管理部门通过报表收集整理数据,全年系统地获取纳税人的涉税信息,其中包括税基、计税收入、应纳税额以及征收入库的信息和数据资料。

3.小组座谈法

(1)含义

小组座谈法是一种常用的市场调研方法,通过召开座谈会的形式收集所需信息。调查人员通过座谈会与被调查人面对面进行交流,通过对话的形式获取所需信息和数据。调查人员会向被调查人提出一系列涉及经营情况的问题,通过被调查人的回答了解税收风险。小组座谈会的优点在于它的调查模式,座谈会的交流方式可以进行自由的小组讨论,调查人员可以通过小组讨论获取一些意外信息。

(2)特点

小组座谈法的进行需要一个会议主持者掌握会议方向,在符合调查目的前提下开展自由的小组讨论,小组讨论的成员是一组被调查人员。会议主持人把握大方向进行会议主持,参与人员进行会议记录,调查人员通过讨论内容获得一组被调查人的涉税信息数据。小组座谈法形式和特点如表5-1所示。

表5-1　小组座谈法的形式与特点

小组规模	8～12人
小组构成	同质性;预先筛选被调查者
座谈环境	放松的、非正式的气氛
时间长度	1～3小时
记录	可使用录音和录像设备
观察	主持人可以观察、可相互接触,要求主持人有熟练的交流技术

4.税收风险问卷调查法

(1)含义

税收风险问卷调查法也可以称为税收风险书面调查法,或填表法。国家税务管理部门按照科学的理论和方法设计问卷和其他涉税信息数据采集表,通过询问进行填写,或者发放给纳税人进行填写,通过问卷和数据采集表中的问题了解纳税单位面临的税收风险,以此获取涉税信息数据。根据填写问卷和数据采集表的人员不同,可分为自填式问卷调查和代填式问卷调查。一般情况下,自填式问卷调查提供的数据更为真实有效,因为纳税人对企业生产经营过程中的涉税问题了解得比较全面和深入,在税务人员的指导下亲自填写问卷能够提供更为准确的相关数据,这就为风险管理者提供了有价值而涉税信息数据资料,帮助他们更好地对税收风险进行分析和判断。

（2）税收风险问卷的结构

税收风险调查问卷的问题可以分为两种,封闭性问题和开放性问题。封闭性问题是一种结构固定的问答题,利用封闭性问题设计的问卷是封闭性调查问卷,这种调查问卷的问题有可供选择的答案。如表5-2就是封闭式问卷。开放性问题是一种没有固定结构的问题,利用开放性问题设计的问卷称为开放式问卷。开放性问卷中的问题并没有固定答案,被调查者根据自己的观点自由回答问题,他们可以充分自由地表达自己的观点和看法,问题的回答也会较为深入,这种调查问卷为调查人员提供了全面深入的信息数据。但开放性调查问卷存在一定缺点,通过这种方法收集到的答题内容包含较多的无用信息,为调查人员进行数据统计和整理带来了难度,而且被调查人可能因为不想花时间进行思考答题而拒绝回答问题。所以一般需要大量数据分析的调查,调查人员会采取封闭性问卷与开放性问卷相结合的方式进行调查,获取数据。

表5-2　企业迁址税收风险调查问卷

问题	答案
1.迁址之前企业对原有房屋具有	A.所有权　B.使用权
2.如果问题1的答案是B,则企业从产权处得到的补偿是否已计入应税收入	A.是　B.否
3.如果问题1的回答是A,则搬迁是否属于政策性搬迁(指因政府城市规划、基础设施建设等政策性原因)	A.是　B.否
4.如果问题3的回答是政策性搬迁,企业是否有重置房屋的计划或立项报告	A.是　B.否
5.如果问题4的回答是"否",则补偿收入是否已计入应税收入	A.是　B.否
6.迁移的新址是否跨区	A.是　B.否

问题	答案
7.如果问题 6 的回答是"是",企业是否按照税务机构的要求进行清算	A.是 B.否
8.迁址之后是否在变更营业执照 30 天内按规定办理税务变更登记	A.是 B.否

表 5-3 是关于大企业集团内部关联交易的封闭式调查问卷,表 5-4 是关于企业销售环节的询问调查问卷,包括开放式问题和封闭式问题。

表 5-3 大企业集团内部关联交易的封闭式问卷(部分)

1.本问卷用于调查企业关联交易内部控制。请回答"是/否/不适用"或单选字母;对本企业不适用的问题,包括不适用的特殊行业和特殊业务问题,请回答"不适用"。

2.如果选择"其他"或"不清楚",请在"补充说明"栏说明。

3.对于其他需要说明的问题,请在"补充说明"栏内描述;如需另行提交补充材料,请提交电子文档,并在"补充说明"栏内列出文件名。

4.对于方便列示金额(人民币万元)或其他数据的,在"金额"栏填写被调查会计期间该项目的总数。

税收遵从风险调查内容	回答是/否/不适用(或单选)	金额	补充说明
企业是否存在关联交易相关的基本内部控制,包括但不限于:			
1.关联方界定的控制			
2.关联方交易事项的控制			
3.关联方交易定价的控制			
4.关联方交易账目核对的控制			
5.关联方交易的报告和披露的控制			
6.上述内控是否已经通过审计或评估 A.既有第三方审计也有内部评估 B.有第三方审计 C.有内部评估 D.无			

税收遵从风险调查内容	回答是/否/不适用 （或单选）	金额	补充说明
企业关联交易相关的税务内部控制			
7.企业是否制定关联交易定价政策？			
8.关联交易定价政策由如下部门或人员参与： A.销售部门或人员、企业税务部门或人员、财务部门或人员、其他决策层 B.销售部门或人员、财务部门或人员、其他决策层 C.销售部门或人员、除财税部门外其他决策层 D.销售部门或人员 E.其他			
9.制定的关联交易定价政策是否考虑独立交易原则？			
10.是否有专人负责监督关联交易定价政策的落实情况？			
11.签订关联交易合同时由如下部门或人员参与： A.销售部门或人员、企业税务部门或人员、财务部门或人员、其他决策层 B.销售部门或人员、财务部门或人员、其他决策层 C.销售部门或人员、除财税部门外其他决策层 D.销售部门或人员 E.其他			
12.同期资料由以下部门准备： A.企业外部专业机构协助准备 B.企业财务部门和税务部门共同准备 C.税务部门准备 D.财务部门准备 E.其他			

续表

税收遵从风险调查内容	回答是/否/不适用 （或单选）	金额	补充说明
13.关联交易相关资料的保管是否有相关规定或制度？			
14.企业是否有关联方？ A.无 B.有，仅有境内关联方 C.有，既有境内关联方，又有境外关联方（含港、澳、台） D.有，既有境内关联方，又有境外关联方（含港、澳、台），且境外关联方设在避税港 E.其他			
15.企业是否有关联交易？ A.无 B.有，仅有境内关联交易 C.有，既有境内关联交易，又有境外关联交易（含港、澳、台） D.有，既有境内关联交易，又有境外关联交易（含港、澳、台），且有与境外避税港关联方交易 E.其他			
16.企业是否有从关联方接受债权性投资？			

表5-4　询问销售部门问卷调查表

被查单位：　　　编制人：　　　日期：　　　索引号：A2—8

检查期间：　　　复核人：　　　日期：　　　页次：

1.对销售部门业务流程进行简单描述：			
2.所在行业的市场供求与竞争			
2.1公司的市场占有情况：			
2.1.1公司主要产品（产品系列）市场占有率（或占有情况）：			
2.1.2公司检查期间主要产品（产品系列）的市场占有情况呈现的趋势：			
(1)产品或产品系列名称：	下降（　）	上升（　）	持平（　）

(2)产品或产品系列名称：	下降（　）	上升（　）	持平（　）
(3)不完全列举			
2.1.3 公司检查期间主要产品销售数量呈现的总体趋势：	下降（　）	上升（　）	持平（　）
……			
3.公司产品销售的季节性和周期性			
公司产品（产品系列）销售是否有季节性和周期性：	是（　）	否（　）	不适用（　）
如有，销售的季节性和周期性情况：			
……			
4.公司的销售政策及销售情况			
4.1 公司的销售政策			
4.1.1 公司是否允许赊销：	是（　）	否（　）	
4.1.2 如允许，公司的赊销政策与检查期间是否变化：	是（　）	否（　）	
4.1.2.1 如变化，公司总体的销售信用期的变化趋势：	延长（　）	缩短（　）	基本一致（　）
4.1.2.2 如变化，公司对关键客户的销售信用期的变化趋势：	延长（　）	缩短（　）	基本一致（　）
4.1.3 公司对销售人员的考核指标为：	销量（　）	回款（　）	其他（　）
4.1.4 公司对客户销售及回款的奖励政策：			
4.2 公司的销售模式			
公司的销售模式检查期间是否变化：（代销、直销、经销、网络销售）			
公司检查期间的销售模式为：			
4.3 公司产品（产品系列）销售结构情况			
公司产品销售结构是否发生较大变化：	是（　）	否（　）	不适用（　）
如发生较大变化，销售比重变化较大的主要产品如下：			
4.4 产品销售的价格水平			

续表

4.4.1公司检查期间产品销售价格呈现的总体趋势：			
如发生较大变化,销售比重变化较大的主要产品如下：			
4.5公司主要产品的关键客户情况			
4.5.1关键客户名称（销售量占前五名的客户）			
(1)产品（产品系列）的关键客户：			
(2)产品（产品系列）的关键客户：			
(3)不完全列举			
4.5.2关键客户的债权总体上是否显著上升：	是（　）	否（　）	
4.5.3关键客户回款是否存在持续延后情况：	是（　）	否（　）	
……			
说明：			

检查人员签字：　　　　　　　　　　日　期：

二、涉税信息数据的管理

（一）涉税信息数据管理的意义

1.涉税信息数据管理的内涵

为了解决涉税信息不对称的问题,树立正确的税收风险管理理念,进行涉税信息数据管理是非常重要的一个环节。调查人员通过多个渠道,采取多种方法,利用互联网信息技术对涉税信息数据进行采集和分析,以此健全涉税信息管理体系,帮助相关部门进行税收风险预测和防范,进而提高征管水平。

2.涉税信息数据管理的主要内容

（1）加强涉税信息数据采集和共享

要保证涉税信息数据的时效性、完整性和准确性，为后续工作提供基础保障。同时，要开展涉税信息共享，使相关涉税信息可以在相关部门和组织实现信息共享，对跨地区经营企业的税务信息及时交换，以此提高工作效率和准确度。

（2）加强涉税信息数据综合分析和利用

增加涉税信息采集渠道，扩大涉税信息采集范围，建立和完善税收遵从风险指标体系，进一步研究和尝试涉税信息的分析和利用，通过数据的整理分析及时发现风险并采取应对措施，进而提高税收遵从风险管理的针对性和有效性。

（3）加快推进互联网信息技术系统的建设

为了推进我国金税三期工程的建设，应该加强互联网信息技术在涉税信息数据管理方面的应用，通过现代信息技术推进税收风险管理体系的完善。应该积极发挥互联网信息技术的优势，促进税收风险业务的改革与创新。

（4）优化涉税信息数据管理流程

优化涉税信息数据管理流程，推进信息管理系统完善，提高涉税信息数据的质量，提高数据分析的效率，提升税收遵从风险管理质效。

（5）加强涉税信息数据的监控

大力推广税控装置的使用，提高涉税信息数据的监管力度。推进发票管理系统的改革和创新，利用互联网技术推行网络电子发票使用，使相关部门和人员可以通过网络开具发票，并可以进行查询和比对。完善我国发票系统，可以有力地对发票违法犯罪进行防控，改善涉税信息不对称的现象。

(二)加强涉税信息数据管理的策略

1.涉税信息数据管理是科学技术理念在税收遵从风险管理中的实际应用

要树立信息管税理念,在进行税收遵从风险管理的过程中处处落实该理念,并通过利用涉税信息数据及相关方法,尽可能降低征税成本,提高税收遵从风险管理质量和时效。第一,要进行信息管税理念的宣传和教育,使人们树立正确的信息管税理念。从根本上认识到信息管税的重要性;第二,要清楚信息管税不仅是指技术和方法的升级更新,更是关于理念、流程、体制等方面的重大变革;第三,充分认识信息管税不仅要在税务机关进行落实,还要在全国范围内积极落实,需要各级政府和全体社会成员的积极配合。

2.进一步拓宽信息采集的来源和渠道,提升信息数据的质量

第一,拓展涉税信息的采集来源和渠道,不能只关注税务系统内部信息采集,还要积极进行外部信息采集。这就要求相关部门进行第一手资料采集,深入纳税人生产经营场所获取所需信息数据,还要通过第三方进行信息数据采集,尽可能地获取充足涉税信息数据以备分析利用。相关部门还应该扩大信息采集内容,采集静态涉税信息和动态涉税信息,建立全面系统的信息数据库,为之后的数据分析提供数据基础。

第二,对当前的信息收集方式进行改良,提高信息数据的质量。税务机关可以采取多种信息采集方法相结合的方式,可以让纳税人自己上报信息,也可以让调查人员运用多种信息采集方式进行数据采集。调查人员进行实地调查、采集典型涉税信息时,不能片面浅显地进行信息收集,而是应该尽可能深入了解纳税人的生产经营情况,要了解一切与税收相关的信息数据,如工艺流程、原材料消耗、耗能产能及变动等信息数据,并以此为依据估算纳税人的销售或经营收入、投入产出率、利润率等相关税源指标,并根据相关税法和政策评定纳税人的纳税能力。同时,税务机关还要对纳税人的信息数据进行比对核实,尽量做到税收信息数据对称,提高信息数据的准确性和真实性,建立真实有效的信息数据库。

3.推进立法保障机制建设,加大对第三方信息的采集和利用,促进信息管税的社会化

第一,为了更好地进行涉税信息数据管理,应该积极采集和利用第三方信息,应该通过互联网信息技术建立一个数据互通和共享的涉税信息数据平台,实现涉税信息数据的全社会共享。这样的网络涉税信息数据系统,可以提高涉税信息核实的效率,有效地提高信息数据的真实性和时效性,改善涉税信息数据不对称的现状。

第二,应该借鉴国际征管立法的经验,积极推进《税收征管法》的修改进程,利用税收立法的方式明确纳税人、代扣代缴义务人及其他社会部门的法律责任和义务。纳税人、代扣代缴义务人应自觉主动地进行申报、举证,按照相关规定履行自己的义务和责任,如果纳税人未进行申报和举证,或者提供了虚假信息和凭证等,则失去其行政救济和法律救济的权利;如工商、银行、国土、统计等部门及交易相关部门或人员,应该按照法律规定向税务机关提交所有交易信息。提高涉税信息数据的透明度,促进信息数据的社会共享,提高全体社会成员的纳税意识,以此推进涉税信息数据管理的社会化。

4.建立数据分析体系,拓展分析方法,提升人员素质,提升数据分析应用的水平

第一,在各个层级建立专业的数据分析监控体系,提高信息整理和分析的效率,有效利用信息数据资源。应该建立总局、省局、市局、区县等不同层次的体系,各个层次有不同的工作重点,总局和省局主要进行以国家为主体的税收分析和决策,市局主要进行行业税收分析和决策,区县主要进行以纳税人为主体的税收分析和管理,各层体系互相支撑,形成完整的涉税信息数据分析监控体系。

第二,建立逐层分析的体系,自上而下地进行宏观税收分析、行业税收分析和微观税收分析,通过分析预测税收遵从风险和征管问题。进行自下而上的科学决策,有层次地对税收风险进行管理和控制,并通过反馈和考核完善信息数据分析质量。

第三,采用多种信息数据分析和挖掘方法,并积极进行分析方法的拓展和创新,按照征管改革和金税三期工程的要求,推进涉税信息数据管理业务的改革创新,努力提高征管信息化平台的分析技术水平和应用效能。

第四,对税务管理人员进行教育培训,强化信息管税的意识,使税务管理人员自觉主动地提高自己的业务水平和思想素质。相关部门机构可以通过开展讲座、进行培训、业务考核等形式提高税务人员的业务水平,强化信息管税概念。还可以通过激励措施提高税务管理人员的学习积极性,推动税收管理良性循环。

第二节　企业税收风险的内部控制

企业内部控制是指企业内部各个部门相互协调,为了实现企业经营目标而建立的内部体制。企业内部控制需要各部门之间的协力合作,建立企业内部控制机制可以帮助企业有效地控制风险,企业的税收风险也可以通过内部控制进行规避。

一、企业内部控制简述

(一)现代企业内部控制的主要内容

为了建立符合现代管理要求的企业组织结构,企业内部控制是必不可少的环节。建立内部控制制度,可以帮助企业建立科学合理的决策机制、执行机制和监督机制,建立有效的风险控制系统。科学有效的风险控制系统可以帮助企业各部门的顺利运行,及时发现和消除企业内部的问题和隐患,保证企业的财产安全。同时,企业内部控制可以对企业会计行为进行监督管理,确保会计资料的真实和完整,提高会计信息质量。建立科学合理的企业内部控制系统还可以帮助企业规避涉税风险,这可以从以下几个方面来看。

1. 控制环境

控制环境是一种企业管理人员对企业控制的行为、政策和程序的反映。企业内部控制结构是人为构建、人为执行的,所以企业内部人员的个人素质、思想道德观和对涉税风险的认识,是影响企业涉税风险控制的重要因素。

2. 管理当局的风险评价

管理当局会根据现行税收法律、法规和相关政策对企业涉税风险进行识别和分析,这种行为称为风险评价。管理当局进行风险评价可以帮助企业大大降低其错误和不合法行为的发生。进行科学合理的风险评价,有利于企业进行涉税风险控制。

3. 税收信息与交流系统

企业税收信息系统的目的是鉴别、综合、分类、分析、记录和报告企业的交易,并为有关资产保持受托责任。建立有效的税收信息系统需要满足相关的内部控制目标,要保证已发生交易纳入企业管理流程、所有已发生业务和交易都进行了涉税核算、所有已记录的交易和业务均准确无误、所有交易和业务的分类标准合适恰当。

4. 控制活动

企业管理人员为了满足企业税务管理目标会建立相应的规

范和程序,这就是企业控制活动。这些管理规范和操作程序可以分为以下几种:适当的职务分离、合适的信息交流、完备的凭证及记录、资产和记录的实物控制、独立的业绩检查。

5.监督活动

企业管理人员会对企业内部控制结构的设计和运行效果进行监督,以便确定企业内部控制结构是否正常运行,一旦发现问题及时进行调整。对企业内部控制结构进行评价和调整需要获取内部税务管理人员报告、相关管理部门的报告以及企业经营反馈信息等。

(二)企业财务内部控制的基本方法

我国大部分企业的涉税风险控制一般由企业财务部门负责,所以下面就企业财务内部控制进行一些分析。

1.授权与批准控制

授权通知书是一种权限授予形式,通过这种形式进行事务和资金使用限额进行授权。授权通知书由授权人下达给相关部门,这些部门必须严格按照授权范围进行活动,超出授权范围的行为一律禁止。为了对企业内部资金和财务进行严格把控,防止财物损失,财务内部控制要求企业内一切经济活动都需要得到授权批准。这样可以保证企业财物安全,还可以预防涉税风险。

2.风险控制

为了保护企业经济业务正常运转,企业风险控制是一项基础且重要的工作。企业可以设立专门的风险评估部门或岗位,负责企业的风险识别、规避和控制,进行风险预测、防范和应对。尤其是在企业要开展重大项目时要进行全面的风险分析,找出开展项目时可能面临的涉税风险,并寻找规避和解决措施。

3.责任报告控制

责任报告是一系列反映企业生产经营情况的报告,它可以帮助企业管理人员全面了解企业信息,从而进行管理决策,提高企业的经济效益。对于企业财务部门来说,责任报告反映了企业各方面的财务信息,其中包括资产分析报告、经营分析报告、费用分析报告、投资分析报告、财务分析报告、涉税风险分析报告等。企业通过分析这些财务报告对经营情况进行评价,对企业经济活动进行有效控制。

4.财务预算控制

通过对企业经营和管理活动进行全面的财务预算,可以帮助企业的财务目标和决策得到细化落实,这种管理方式加强了预算的财务效能。预算一般通过金额、数量和其他价值形式综合反映企业的经营计划,这是一种根据预期结果对未来经济业务的授权批准控制。企业的整体预算,包括企业内部所有部门的财务预算,是一个严密的理财体系。对于企业涉税风险来说,企业进行财务预算可以为纳税环节事先预留资金,防止企业没有足够资金缴纳税款。

5.财产保全控制

财产保全控制是一种实物资产保护制度,是指企业对实物资产的安全完整进行的控制,主要包括以下几个方面。

第一,限制接触。这是指企业对实物资产的接触进行严格控制,需要获取相关授权才能与授权的实物资产进行接触。不同的企业对此有不同的规定,但一般情况下,所有企业都会对变现能力强的实物资产进行严格的接触控制。

第二,定期盘点和比较。盘点是对库存实物资产进行清点、清查的行为,定期盘点可以帮助企业了解资产流动情况,掌握资产实际数量与账目数量是否吻合。通过定期盘点和比较确保账证、账账、账实相符。

第三,保险。企业会根据自身实物资产的类型和状况进行投保,例如火灾险、盗窃险等。一旦发生承保范围内的风险事故,企业可以减少自身受损程度。

第四,税收。企业通过缴纳税款,或是通过税收优惠政策获取的利益,建立实物资产安全控制。

6.核对和分析控制

核对可分为账实核对和账务核对,分析是对物流、资金和信息流之间关系的合理合法性分析。企业通过对账表的核对,对资金流和信息流关系的分析,对企业的经营情况进行了解和分析,提前做好纳税检查的准备。

7.科技手段控制

随着计算机技术的发展,现在的会计工作很大一部分都可以用计算机代替人工操作,提高了会计信息处理效率,也提高了数据计算和分析的准确性,同时很大程度上避免人工操作产生的舞弊行为。但通过计算机进行会计工作需要企业有完整的规章制度和体系,避免人为操纵为企业带来的损失和危害。企业应该明确划分会计工作职责,财务处理不能只由单独部门或个人进行;应该对财务数据的传送、维护、管理等方面进行严格的监控。

8.内部审计控制

财务内部审计是企业内部财务控制的重要组成部分,是帮助企业进行自查的重要环节。企业内部审计是指对企业的生产经营活动以及现行的控制系统进行审查,通过这种审查企业可以了解企业目前的经营情况、政策执行情况,以及企业目标是否可以顺利完成。企业内部审计可以有效地对财务控制产生作用,同时还可以保证企业财务资料的真实和完整。

9. 外部咨询控制

企业除了要通过各种方式进行自我控制外,有时还需要借助外界的力量进行内部调整,外部咨询控制就是一种特殊形式的企业内部控制手段。外部咨询控制是指企业聘请企业外部机构或人员对企业的内部经营管理情况进行分析和评价,按照分析结果对企业提出意见和建议,帮助企业更好地开展经营活动,实现自身目标。

外部咨询控制是一种必要的内部控制手段,所谓当局者迷,对于一些不易从企业内部发现的风险,就需要借助外部力量进行控制。还有一些情况下,对于企业风险程度的控制,通过企业自身的决策不易控制。还有就是企业长期的自我控制会导致一定疲劳,这种疲劳反而可能会成为企业的经营隐患。

二、内部控制的固有局限

企业内部控制是为了完善经营管理机制,提高企业经济效益的分工制度,它可以帮助企业对各部门之间的关系进行协调,从而达到控制目的。但税收不属于企业内部影响因素,所以企业内部控制存在一定局限性。

(一)内部控制机制本身的不完善

企业内部控制是指企业内部对各部门的调整、控制、规划等行为手段,从而帮助企业更好地进行经营管理,达到企业经营目标。早期的企业内部控制主要是指财务和资产方面的控制,保护企业资产的安全完整,保证财务资料的正确,主要是对企业的财务安全进行分管和审核。但随着商品经济的发展,企业的经济活动越来越多样和复杂,曾经简单的只将财务安全视为重点的内部控制已经不能满足企业经营管理的需要,内部控制体制便开始改革和发展,形成了现在的企业内部控制系统。然而内部控制往往将控制目标制定得过于理想化,使企业很难达到控制目标。

1.控制风险意识淡薄

企业内部控制可以帮助企业进行风险防范,但这要建立在企业管理员有风险防范意识的基础上。从目前情况来说,我国企业管理人员的风险意识淡薄,不能及时正确地帮助企业在经营管理过程中发现风险、防范风险,企业没有科学有效的风险评估机制和风险预警机制,企业进行风险投资时没有科学的决策审批机制帮助判断企业投资风险。也因为企业管理人员的控制风险意识淡薄,涉税风险在一定程度上被企业忽视,不能得到合理控制。

企业管理人员的风险意识决定了企业面临风险的大小,这一点在国有企业中有显著表现。国有企业的所有者和经营者是分离的,企业财产的所有者是国家,国有资产管理部门为了资产的安全完整建立相应的管理制度和措施,但这些制度和措施并未考虑涉税风险;企业的经营者在公司的经营管理权限上是不完整的,企业决策由少数管理者决定,而这些企业经营管理决策者并不用为企业投资失败承担经济风险,这就会导致企业面临的风险加大,并无法得到有效控制。

2.内部控制机制不完善

内部控制只是一种内部机制的制定,并不能保证其在现实运行中的效用,因为有很多无法预测的不确定因素会对机制的运行产生影响,内部控制自身的固有局限也会产生影响。

可以通过涉税风险进行分析。目前大多数企业没有建立专门的涉税风险控制部门,税务管理工作一般交由财务部门进行处理,但一些企业的财务部门自身内部控制还不是很完善。例如,财务内部控制网络还没有覆盖整个企业,在一些环节存在控制不到位的情况;财务相关规章制度落实不到位,企业内部部门和人员间的财务交流不够流畅和严密等。这就导致了财务部在进行涉税管理时不能得到企业所有部门的有力配合,企业税务管理职能不能体现。同时,企业的经营管理是一个动态的过程,企业要根据不断变化的经济形势、市场状态和税法变化进行政策调整,内部控制在这种动态变化中就会暴露缺乏灵活性的弊端。

也就是说,内部控制的控制范围是常规性的企业经营管理业务,对于意外性风险不能进行有效控制。如果政策变化引起的税收风险属于外部输入风险,仅靠企业内部控制很难完全规避。

3. 实施主体的问题无法解决

企业进行内部控制会使企业员工在进行工作时多了一些规定程序。例如,业务部门在申请资金时,财务部门要进行严格的审查,以便企业进行内部控制管理,但这种程序复杂的情况会在一定程度上引起员工的不满。企业进行内部管理控制企业经营风险,企业员工却没有足够的风险意识。企业进行内部控制,往往会带来一些繁复的审查和核实程序,员工对此表示不理解,这就导致政策的执行存在困难,难以推进。

同时,如果企业员工或部门合伙舞弊,串通共谋,内部管理机制就无法起到监督管理的作用。企业管理人员不能正确使用职权,也会为企业带来无法控制的危害和风险。

(二)内部控制机构的适应性

企业内部控制是为了协调企业内部各部门关系,达到经营管理目标,提高经济效益,在进行内部控制机制设立和执行时,企业力争达到最佳控制效果,但因为各种因素制约,内部控制目标不可能完全达到。企业内部部门可能因为考核目标不同,在一些需要部门之间进行合作的环节可能不能很好地进行控制,例如涉税风险规避就需要企业内各部门的积极配合。政策变化可能会引起之前制定的业务流程失效,内部控制无法对这种风险进行控制。

(三)价值取向不到位

外部咨询控制对企业内部控制有重要作用,因为企业仅凭自身进行内部控制是不全面的,一些问题需要外部力量的帮助才能发现和解决。但很多企业为了节约成本并不会聘请外部咨询机构帮助他们进行内部控制,只有在接受税务机关检查遇到严重问题时才会采取外部咨询的手段。价值取向不到位,导致企业的内部控制不完善。

(四)当前企业内部会计控制存在的一些问题

企业内部控制是对企业内部各个部门进行控制,实施目的是加强企业经济管理能力,提高经济效益,是当今各行业普遍采用的经营管理控制机制。企业内部会计控制是控制的重要组成部分,但当现行的企业内部控制相关规范中并没有对此进行单独说明,也没有提到会计控制环境,这对企业进行内部会计控制造成了一定影响。内部会计控制与企业经营管理及经济效益有重要联系,不全面、不系统的内部会计控制会影响企业发展。

1.内部会计控制体系不完整

很多企业让财务部门进行涉税风险控制,对涉税风险规避不够重视,没有明白财务内部控制对于企业经营管理的重要性。很多企业的内部会计控制体系不完整、不系统,没有发挥应有的职能。

第一,企业制定内部会计控制时总会忽略控制环境因素,这使内部会计控制不能全面系统地发挥作用,企业在制定完内部会计控制体制后,便不再对控制的执行环境进行合理配置,无法保证机制在合理的环境中产生效用,这使内部会计控制只是一个空架子,虽然有机制,但却无法顺利执行。

第二,企业制定内部会计控制时,没有进行充足的风险评估,尤其是对涉税风险的评估很多企业都忽略了。风险评估是对企业在实现目标的过程中可能遇到的各种风险进行预测、辨认和分析,以此为前提进行的内部会计控制才是科学有效的。企业对风险评估的忽视主要原因是管理者对风险评估的不重视,企业管理者没有正确的风险规避意识,意识不到风险评估的重要性。还有一些企业管理者,自身素质不够,对风险评估相关知识的学习不到位,却按照自己的浅薄认识制订风险评估计划,从而引起企业经营管理上的失败。

第三,企业内部会计控制制度执行力不强。企业内部会计控制的执行存在一些问题。首先,财务信息处理不得当,很多企业会计部门人员设置不合规范,建账和会计核算也不规范,甚至有些会计人员不会核算。其次,内部会计控制无法落实,机制的制定无法发挥效用。企业管理人员无视控制机制的规定,随意进行越权管理,甚至会随意更改经营业务流程等,使会计控制机制变成空架子。最后,企业内部会计控制机制难以进行监督,企业员工在进行业务操作时会出现不合规范或者错误操作的现象。企业对内部会计控制制度的监督不到位,会影响内部会计控制的效果。

2.企业内部会计控制措施不协调

每个企业在各个方面都有自己的特点,在制定内部会计控制时应该就自身特点制定符合自身条件的控制机制,只有这样才能使控制机制发挥应有的作用。很多企业在制定内部会计控制机制时过多参考其他企业的机制制定,反而忽略了自身的特点,这会造成控制机制与企业的适应性差,不能达到控制目的。

一些企业会制定财务规章制度,但在执行和落实方面存在问题,空有制度却不按规定贯彻执行。企业财务部门的工作重点还是凭证的汇集、报表的编制等工作,没有重视税务管理的相关工作,仅进行税务机关强制要求执行的工作。

3.会计监督力度不够

企业内部会计管理制度可以对会计方面的工作进行有效的监督管理,是企业内部会计控制的重要组成部分。但我国企业普遍存在企业内部会计工作监督不到位,力度不够强的现状,导致很多企业存在假账泛滥、信息失真、秩序混乱等问题。在这种环境下，就会导致一些不良现象的发生。例如，复核和审批制度不严格、企业现金管理不规范、篡改账目和编造虚假会计报表、企业管理人员私自挪用公款、内部稽核不规范等。同时，一些企业进行内部会计监督的目的是监控企业内部的财务问题，对于税务问题并不重视。这些不良现象严重影响企业发展，会给企业带来危害和损失。

4. 不善于利用社会资源

很多企业完全靠企业自身进行涉税风险控制，而不聘请企业外部的相关专家帮助企业进行控制，这使企业不能全面地进行涉税风险控制，很容易忽略企业内部不易发现的涉税风险隐患，不利于企业进行有效的涉税风险控制。

三、内部控制与税收的关系分析

随着市场经济的发展，企业的经营规模也不断扩大，这就导致企业需要吸纳更多的人才，同时还要求企业对企业内部员工进行科学合理的分工。企业应该根据自身的行业和规模确定管理的深度和广度，因为企业生产经营实际情况与企业内部控制是存在一定关系的，将企业内部控制与会计核算联系在一起对企业财务状况进行分析，可以进行较为准确的纳税核算。但就目前我国企业的实际情况来看，企业内部控制机制并没有结合企业税务管理进行全面考虑，还是对税务问题不够重视，导致内部控制的效果不理想。

企业内部控制是每个企业都存在的一种内部控制机制，不论一个企业有没有书面的内部控制制度，它在进行经营活动时都会进行内部控制，以此保证企业的生产经营活动能够顺利进行。税务机关的调查人员在进行调查时，应该调查清楚企业现行的规范和政策，以了解企业的内部控制机制，尤其是与企业会计核算相关的控制活动要着重了解和调查,将企业实际执行的控制活动的情况与相关会计核算情况进行对比分析,对比结果可以看出企业的会计审核是否存在问题。税务机关可以通过检查企业的内部控制情况了解企业的涉税风险情况,企业管理者也应该将企业内部控制机制与企业涉税风险相结合进行考虑,帮助企业更好地进行风险控制。

第三节　税收风险的评价与应对

税务机关要对纳税人进行税收风险评价,根据评价的结果才可以采取相应的税收风险应对措施和方法。税收风险评价就是指对企业经济管理过程中可能遇到的风险以及其危害的一种判断,税收风险应对是指通过风险的识别评价与等级判断,决定需要采取什么样的措施进行处理。

一、税收风险评价的意义

(一)税收风险评价的概念

税收风险评价是对企业经营管理过程中发生的风险以及这些风险带来的损失和危害进行判断,并根据判断结果提出相应的应对措施,是一种对税收风险进行有效控制的管理过程。税收风险运用科学的方法对风险发生的概率进行计算和预测,通过定性分析与全面综合考虑得出预测结果。税收风险评价包括以下几项内容。

第一,评价在一定时间内,企业发生税收风险的可能性,以及这种风险带来的危害和损失的程度。也就是评价风险概率的大小以及税收流失损失的严重程度。

第二,税收风险分析指标可以反映出企业存在的问题,根据一些特定的税收风险指标的预测结果,可以了解相关风险的发生概率和损失程度,由此可以推断整体的风险状况。

第三,根据税收风险概率的评价结果,估计和预测可能产生的税收流失损失结果,为该风险指标在综合评价的权重系数确定方面提供依据。

第四,税收风险分析指标有很多种,其中有一些具有相关性,将有关联的税收风险分析指标进行综合分析,根据这个分析结果对总体税收风险进行综合评价。

第五,根据风险评价结果,结合各种管理资源,确定税收风险等级,按照风险等级进行排序,发布风险预警信息,并通过分析提出解决方案,为税收风险应对提供有效的决策依据。

(二)税收风险评价的特点与作用

第一,税收风险评价是对达到一定相关度的税收风险发生的可能性及风险损失程度的综合评价。引起税收流失风险的因素有很多,这些因素中有一些是有关联的,这种关联会引起税收风险的发生,可能是增加风险,也可能是降低风险。在进行税收风险评价时,应该全面考虑各种因素,以及各种因素之间的关联对税收风险产生的影响,根据综合分析对税收流失的可能性和风险损失后果的严重程度进行综合评价。

第二,税收风险评价是在一定的经济和税收制度环境下进行的。税务机关评价税收风险的根据一般是发生税收流失损失的程度和频率,但纳税人的税收风险受到社会经济环境以及税收制度环境的影响。所以,在进行风险评价时,税务机关不仅要考虑纳税人发生税收流失损失的程度和频率,还要对社会经济环境以及税收制度环境进行综合考虑。全面综合地进行考虑,才可以保证税收风险评价的正确性,提高税收风险管理的科学性和时效性。

第三,税收风险评价是定性分析与定量分析评价的结果。现在税收风险管理越发繁复,风险管理主体想要对税收风险更为准确地进行评价,但目前没有一套统一的标准可以进行风险评价,无法评价各种风险因素可能造成的税收流失的损失危害。在对税收风险进行评价时,可以采用定性分析与定量分析相结合的方式,通过建立客观、科学的税收风险量化模型进行定量分析评价,帮助税收风险管理主体进行风险应对提供较为科学的指向和依据。

第四,税收风险评价为有效实施税收风险应对处理提供科学依据。进行准确客观的税收风险评价是进行税收风险应对的基础,根据评价结果,明确税收风险等级,对不同等级的风险采取具有针对性的应对方式。根据风险等级进行最有效的资源配置,建立具有针对性的风险应对体系,提高风险应对的针对性和有效性。

二、税收风险评价方法

(一)税收风险度评价方法

税收风险度评价是一种税收风险评价方法,有不同的方法可以进行税收风险度评价,在此就专家经验法进行说明。

1.意义

专家经验法侧重于税收风险的定性分析和评价。税收风险管理专家根据实务经验对税收风险指标进行分析和判断,进而评价总体税收风险程度。这要求风险管理专家具有丰富的税收管理经验、过硬的专业水平、足够的实践经验以及良好的分析判断能力。这种税收风险度评价方法实行简单,成本低,效率高,但对风险评价的专业管理人员的要求较高,不仅要有丰富的经验和知识,还需要对纳税人进行深入了解。但这种评价方法过于主观,主要是通过人的判断来进行的,容易受到外界操控,而且不易监督管理。

2.实施具体步骤

第一步，了解需要调查的问题，根据问题性质成立专家组。应该选择对需要研究的风险因素有深入了解的专家进入专家组，保证专家组成员有丰富的专业知识和税务管理经验，以确保风险因素分析的准确性和有效性。

第二步，调查所需风险指标变量可能出现的状态数或状态范围、不同状态的出现概率及变量发生在状态范围内的概率，每位专家组成员根据调查提交书面意见反馈。

第三步，收集专家组成员提交的书面反馈意见并进行统计和整理，将专家的期望值和意见分歧情况进行整理，并反馈给专家组，为专家进行后续工作奠定基础。

第四步，专家组对意见分歧进行分析和讨论，根据分析讨论的结果再各自就变量可能出现的状态或状态范围、各种状态出现的概率或变量发生在状态范围内的概率进行书面分析。再次进行专家意见整理并反馈给专家组，一直反复进行，直到得出最终的分析结果。

3.应用

利用专家经验法进行税收风险评价时，应该建立科学合理的税收风险评价管理机制，专家组成员应该涉及不同专业人员，保证专家组成员具有丰富的专业知识和实践经验。这种方法将定性分析与定量分析相结合进行风险评价，相互支持。只有保证这些前提，才能进行系统科学的税收风险分析和评价。

(二)关键风险指标评价法

1.原理

造成税收风险发生的原因有很多，但这些成因有主次之分，主要因素一般只有几种。关键风险指标管理是对引起税收风险事件发生的关键成因的风险指标进行评价的税收风险评价方法。其具体操作方法如下。

第一步,对纳税人进行全方位的涉税风险调查,深入了解纳税人的相关情况,并对税收风险的成因进行分析,再确定税收风险的关键性成因。

第二步,明确税收风险的关键成因,确定税收风险关键指标,或者建立关键税收风险指标体系。一般情况下,关键税收风险指标的数量会少于一般状态下的税收风险指标数量。

第三步,将税收风险关键指标进行风险度量,计算出基准安全值和相关预警参数区间,通过分析确定导致税收风险事件发生的关键指标的数值区域。

第四步,建立科学合理的税收风险预警系统,根据关键风险指标的各种度量值进行风险分析,并进行税收风险预警提示。税收风险预警系统可以对纳税人实际的关键指标的税收风险进行预警,通过比较纳税人实际的关键指标数值与该关键指标的基准值,分析税收风险的等级,按照不同的风险等级发出预警信息,并可以按照预警信息及时制订风险控制计划和方法。

第五步,对关键指标进行监督和实时测量,时刻关注关键指标的数值变化,并根据变化进行调整,保证税收风险评价系统的时效性,保证关键指标的基准值和参数符合实际税收指标。

2.应用

第一,通过对符合评价标准的风险成因指标进行列举和整理,确定是否可以采用关键风险指标评价方法来管理。不同行业或税务业务有不同的关键税收风险指标,纳税人的税收风险成因指标可以细分成非常多的种类,例如普通发票开票收入申报为负数、频繁申请代开普通发票、长期未缴销普通发票等。在进行关键指标分析时,根据不同行业或税务业务选择不同的关键风险指标,对这些关键风险指标的基准值和预警值进行测算,通过与纳税人的实际风险指标数值进行比较,判断纳税人的税收风险程度,税收管理人员根据评价结果进行有针对性的风险控制管理。

第二,为了保证关键指标评价法的准确性,对关键指标的选取和确定至关重要。应该通过定性分析与定量分析相结合的方式确定关键指标,也就是既要关注税收管理的经验,也要关注税收风险成分分析,二者结合地进行综合分析,以保证关键指标的科学性和实效性。

第三,关键指标评价法需要调查税收风险成因、分析和确定关键风险指标、测算关键指标的基准值和预警值、采集和对比纳税人实际关键指标数值等,与税收风险分析评价管理系统有很大关系。

第四,使用关键风险指标评价法进行税收风险分析时,要对税收风险的成因进行深入调查,并挑选出其中的关键成因,还要对关键指标进行科学合理的分析和测算,并进行实时监测以适应变化,比对标准值与实际值,根据这些分析进行科学的风险评价,并制订具有针对性的风险应对方案。

(三)税收风险压力测试法

税收风险压力测试是指在特殊情景下对税收风险进行监控和分析,根据当时的情况对相关策略进行调整,并制订相应的应对方案,以免重大税收流失损失。其中,特殊情景是指自然灾害、金融危机等极端情景。

税收风险分析评价一般都是在正常情景下进行的,如果要进行极端情景下的风险评价,就应该根据极端情景的内容和危险性进行评价模型和管理流程的相应调整,以保证风险评价适应极端情景。极端事件是极少发生的一种情况,但极端事件往往会对税收带来很大的损害,容易引起重大税收流失损失。为了避免和减少极端事件带来的税收损失,管理人员应该根据企业和行业的情况,结合曾经发生过的类似事件的经验教训,以及可能会出现的情况进行综合考虑,及时对税收风险评价系统进行相应调整,使现行的税收评价管理体制可以在极端情境下顺利运行。

极端事件发生后,应及时做出应对反应,调整风险评价模型以及控制流程,并对可能造成的税收危害和损失进行预测,制订有效的应对方案,这样可以有效地防范税收风险发生,或者最大限度地降低税收损失。如果纳税人有良好的信用等级,在日常的税收风险管理过程中,税务机关只需要实行常规风险评价模式和控制流程。但如果极端事件发生,纳税人处于极端场景中并受到经济财产损失,税务机关就应该及时调整风险评价模式以及控制流程,以适应当前的极端情景。税务机关应该充分了解极端事件对纳税人造成的影响,并通过风险压力测试法进行测评,及时对风险进行监控并采取科学有效的应对措施,尽量将税收损失降到最低。

三、税收风险应对的意义

(一)税收风险应对的内涵

在税收风险控制中,首先要对税收风险进行识别和评价,根据评价结果确定进行风险等级,根据风险来源和等级,制定有效的应对策略和措施方法,进行税收风险管理的目的是防范和控制风险的发生,一旦风险发生可以将其随时降到最低。

税收风险应对是税收风险管理流程中一个重要的环节,它确定了是否采取应对措施,若采取应对措施应该采取何种应对措施和方法进行风险应对。税收风险应对的目的在于实施科学有效的风险应对措施,防范和控制税收风险的发生,一旦发生风险,保证税收损失最低。

(二)税收风险应对的特点和作用

1.税收风险应对以税收风险分析识别、风险评价为前提和基础

通过税收风险的识别、分析和等级排序,可以了解税收风险

来源的区域、行业、纳税人及纳税人涉税风险的具体环节和目标，还可以判断出税收风险发生概率以及造成税收损失的严重性。根据这些判断和分析，要制定有效的税收风险应对措施，科学合理地对税收风险进行防范、控制和管理。

2.税收风险应对是实现税收风险管理目标的关键手段

为了让纳税人更好地自觉遵从相关规定进行纳税，就需要保证合理的税收风险控制。通过对税收风险的分析，采取有效的风险应对措施，及时对税收风险进行处理、控制和排除，控制和减少税收流失，促进税收风险管理的有效执行。

3.税收风险管理质效与应对策略的实施效果密切相关

进行税收风险管理的主要目标不是对税收风险进行识别和评价，而是根据评价结果制定科学有效的税收风险应对措施，有针对性地对税收风险进行有效控制和处理。发现税收风险只是基础前提，最终目的是对风险进行有效控制和处理。由此可见，税收风险的质量和效果对实现税收风险管理的目标有重要作用。

四、税收风险应对策略

(一)加强税收宣传教育，增强公民纳税意识

为了提高纳税遵从度，培养社会成员的纳税意识至关重要。税务机关一直强调纳税意识的重要性，也在不断开展相关活动旨在提高公民的纳税意识，提高纳税遵从度是保证国家财政收入的重要环节。为了培养公民的纳税意识，税务机关应该从以下两个方面入手。一方面，从政府引导的角度出发，优化纳税服务引导，制定一系列强制性税收管理手段；另一方面，从提高公民纳税意识出发，积极进行税收宣传，通过宣传和教育培养公民的自身素质和纳税意识，使公民可以自觉纳税。进行税收宣传和教育，不

仅是增强公民的纳税法律意识,更是要提高他们的纳税意识,培养公民形成良好的纳税道德意识,促使他们自觉主动地依法纳税。对于税收宣传,应该注意以下几点。

1.加强对青少年的税收宣传教育

税收宣传应该是一个长期持续的教育活动,应该建立科学有效的税收宣传机制,提高税收宣传的有效性。税收宣传的范围应该是全社会,加强全体公民的税收意识。尤其是应该开展针对青少年进行的税收宣传教育活动,使青少年从小建立正确的纳税观念,从而推进全体公民纳税意识的提高,提高纳税遵从度。

2.借助各种媒体及舆论宣传工具,开展税收宣传

相关税务部门应该利用现代化的传媒手段进行税收宣传教育,例如可以利用新媒体平台进行宣传教育,提高宣传的时效性和针对性,同时新媒体更易被社会成员接受,可以有效地提高宣传的作用。通过媒体渠道进行宣传教育可以形成系统的宣传网络,帮助相关部门更为有效地普及相关知识。

3.开展多种形式的教育培训,强化税收宣传

对税收的宣传教育应该注重多样性,从各个方面培养公民的纳税意识,提高他们的税收知识涵养。可以从税收制度和政策、税收原理和计算方式、操作流程等方面进行宣传和教育,帮助公民掌握具体的税收知识,提高遵从税法的素质能力和水平。

(二)注重保护纳税人权益,提高纳税遵从度

1.健全税收法律体系,明确纳税人的法律地位和基本权利

税收立法可以加大税收过程的透明度,给予公民知情权、参与权等基本权利,以此提高人们的纳税意愿。西方国家的相关税收法律中明确税收遵从成本最小化,维护纳税人的利益,我国也

应该借鉴这种税收思想,维护纳税人的权益。

2.维护纳税人的权利,建立税收权利监督制约机制

给予纳税人税收监督权,加大税收的透明度,使纳税人有权对腐败和权力滥用的现象进行监督;对裁量权进行范围和程度规范,规避相关部门人员利用职权危害纳税人权益的现象发生。

建立和完善科学的、系统的税收执法程序,并对税收执法权的运行和内容进行公开,使纳税人可以对税收过程进行监督;建立科学合理的税收执法责任监督体系,明确税收岗位责任,积极利用社会评议考核和内部监督考核为手段,以纳税人满意为目标;建立专门的行政执法监督机构,纳税人可以将发现的违法现象进行举报,此部门接受纳税人对税务执法活动的举报、上访和申诉等。

3.完善纳税人权利救济系统,保障纳税人权益的实现

完善税收行政救济系统,健全行政复议、诉讼制度和行政监察制度。保证纳税人有举报、诉讼的权利,如发现税务部门或税务执法人员有违法行为,可以行使自己的权利向上级部门检举和控告,追究相关法律责任。

(三)改革和完善税收制度,降低制度性税收风险

科学的税收制度可以帮助税务部门和纳税人明确税收义务以及征税流程,减少因为对税收法律认知不到位带来的风险,使税务机关和纳税人充分了解纳税过程进行纳税工作。同时,加强税收制度的改革和完善,可以保证征税的科学合理,避免制度混乱带来的税收混乱,以此促进纳税人自觉纳税。

1.完善税收立法体系

建立和完善税收立法体系,将现行的暂时规定和条例升级为正式的法律条款,增加税收体系的法律效应;制定税收基本法,统

一税收行为的规范,使税收规定具有法律约束性;完善《中华人民共和国税收征管法》,增强该法律的科学合理性以及操作性。完善税收立法体系,使税收过程更加公开透明,更具规范性。

2.优化税收制度结构

使税收结构更加科学合理,调整直接税与间接税的比例,增加直接税比例。保证税收公平与效率,促进收入分配合理,同时保证政府财政收入,降低税收成本,使税收工作可以平稳公平地进行,促使纳税人自觉主动按照相关规定进行纳税。

3.改革完善税种结构,优化税种结构体系

(1)把握征税风险环节,并逐步加以改进完善

推进增值税转型,积极推动营业税改革,完善增值税抵扣相关规定,加大征收范围;实行科学合理的税收优惠政策,避免税收流失;完善消费税的调节功能,使税目和税率随着环境变化而进行相应调整,促进经济发展和收入分配改革;对出口退税征管规定进行严格管理,防止出口骗税现象的发生;建立和完善个人所得税机制,进一步加强对个人所得税的管理,对个人收入进行监控,并提供相应的纳税系统,推进自觉纳税。

(2)优化税种结构体系

在现在的税种结构基础上进行调整和改进,根据具体情况增加一些特定的税种,使征税行为发挥自身作用,促进社会的和谐稳定发展,实现经济可持续发展的目标。

4.调整中央与地方税收分配体制,完善财政分配体系

首先,明确各级税收机关的责任与义务,划分各级税收机构的税收权力,以便使相关政策可以顺利贯彻执行,对税收风险进行有效控制。其次,建立和完善公共税收,可以明确中央机关与地方机关的分配关系,完善税收分配制度,以此为基础避免地方政府财政收入因税收问题受到影响,加强相关政府的风险防范能力。

(四)实施柔性管理,促进纳税遵从

1.突出纳税评估对税收风险的应对作用

纳税人的税务缴纳情况可以由纳税评估反映出来,通过科学有效的评估方式可以弥补纳税管理上的不足,改善纳税关系,是一种有效的柔性纳税管理办法。

第一,根据纳税评估的结果,对纳税人的纳税情况进行监控,同时要保证监控的及时和深入,在发现纳税人存在涉税风险问题时,及时提供相应的帮助,纠正纳税人的不当行为,促进纳税人树立正确的纳税意识,促进纳税遵从。

第二,开展纳税评估的同时也是与纳税人沟通交流的一种方式,通过交谈深入了解纳税人的纳税情况,为他们提供相应的帮助,根据纳税人的情况开展具有针对性的税务知识宣传教育,帮助他们树立正确的纳税意识,促进他们可以自觉主动依法纳税。

第三,纳税评估可以建立税务机关与纳税人之间的良性关系,促进双方进行有效的交流与沟通,帮助改善征纳关系。纳税评估是应对一般性涉税风险的处理方法,可以避免非主观造成的税收风险,有效地降低和减少纳税人因税务问题出现的损失。纳税评估是一种有针对性的、有效的税收管理手段。

2.通过柔性管理,适度减少强制手段

税务机关可以通过更多地使用柔性管理手段进行纳税管理,这样会是纳税人更加容易接受管理。税务管理人员可以采取以下几种手段进行柔性管理。

第一,纳税人如果没有及时进行税务登记、税务申报等纳税工作,税收机关不要直接加以处罚,应该及时通知纳税人,若纳税人接到通知后及时采取行动,则可以免予处罚。

第二,税务机关发现税务申报不实或存在一般性税收风险的纳税人,应该及时进行审核分析,采取税务约谈的方式与纳税人

进行及时的直接沟通，促使纳税人及时改正错误，准确申报缴纳税款。

第三，一些纳税人的税收风险点较多或者税收风险等级较高，这时税务管理人员应该进行实地核查等工作，对纳税人进行深入的了解，督促纳税人按照相关法律规定正确及时缴纳税金。

第四，给予纳税人自我纠正的机会，税收机关应减少强制性管理手段的应用，积极鼓励纳税人进行自查自纠，帮助他们树立正确的纳税意识。

柔性税收管理更加尊重纳税人，使其更容易接受税务机关的检查和管理，使他们自觉主动地提高自己纳税意识，对相关的知识进行学习，十分有利于提高我国的纳税遵从。柔性管理手段是一种潜移默化的管理方法，细水长流地促进税务机关与纳税人之间的关系良性发展，促进我国税收工作的顺利进行。

第六章 企业运行中各环节
的税收风险应对

税收风险控制对于企业的发展相当重要,在充分利用税收风险管理的同时,必须掌握各种经营管理知识,还必须充分了解税收制度和掌握科学有效的税务风险应对方法,对风险管理采取有效的措施以及沟通,切实有效控制税务风险的发生。

第一节　企业设立的税收风险及应对

税收风险作为政策法律风险的一个重要内容,被越来越频繁地提及,税收风险管理作为新兴的管理科学,被普遍运用于各国税务部门和企业的管理活动中,越来越受到人们的关注。税收风险管理成为大企业内部风险控制的重要内容,目的在于引导企业合理控制税务风险,防范税务违法行为,依法履行纳税义务,避免未遵循税法可能遭受的法律制裁、财务损失或者声誉损害。

一、公司设立的细节对税收的影响

开设新公司要先给公司取个名字,属于文化体育业性质的公司营业税是 3%。属于服务业,要缴 5% 的营业税,虽然多缴了 2%,但内涵和外延上与财税务部门没有冲突。

国家规定,如果企业能够享受优惠,而且第一年的经营期未满半年,可以申请把优惠推迟到第二年执行。第一个半年不执行优惠,那不就是要缴税了吗?但是,公司第一年开业,能保证盈利吗?亏损是不用缴纳企业所得税的,公司可能还没有经营半年,前期投入比较大,肯定是亏的,所以就不要免税了,反正亏损也不缴税。等到第二年开始盈利了,再开始享受免税。

公司开业的日期定好了,那公司以什么身份面向社会呢?公司可以注册为"一人有限公司",如此这个钱就属于公司的收入,就要缴25%的企业所得税,但是缴完税之后,这个钱还在公司账上,要把钱拿出来,还要再缴纳20%的股息红利个人所得税。成立一家个人独资企业,如此资金进公司不需要缴纳企业所得税,而是按照个体工商户所得适用5%~35%的五级超额累进税率缴纳个人所得税。

股份有限公司和有限责任公司都是《公司法》下的两种法定形式,但这两种公司有什么不一样的地方呢?虽然它们都缴纳企业所得税,但将来如果把公司的股权卖掉,当然卖股权它对应的股权价格不得低于公司净资产的份额,但是可以溢价发行,溢价发行的收入计入资本公积,资本公积的钱款属于所有者权益,可以把资本公积的钱款转增资本,如果股东是自然人,正常情况下将资本公积转增资本按股息红利分配,要缴纳个人所得税。如果股东是法人,不要缴纳企业所得税。但是要注意,如果是股份制企业,股票溢价发行,形成的资本公积,用这个资本公积转增资本,股东是个人,不用缴纳个人所得税,这两个性质就不一样了。

个人和个体工商户在税收上也是不同的。小型微利企业是指从事国家非限制和禁止行业,并符合下列条件的企业:一是工业企业年度应纳税所得额不超过30万元,从业人数不超过100人,资产总额不超过3000万元;二是其他企业年度应纳税所得额不超过30万元,从业人数不超过80人,资产总额不超过1000万元。小微企业在企业所得税上可以享受优惠,具体来讲有以下优惠。

《企业所得税法》第二十八条第一款规定:符合条件的小型微利企业,减按20%的税率征收企业所得税。

《关于小型微利企业所得税优惠政策的通知》（财税［2015］34号）规定，为了进一步支持小型微利企业发展，自 2015 年 1 月 1 日至 2017 年 12 月 31 日，对年应纳税所得额低于 20 万元（含）的小型微利企业，其所得减按 50% 计入应纳税所得额，按 20% 的税率缴纳企业所得税。

现在国家层面有西部大开发、上海浦东和经济特区，还有一些经济发展试验区，如珠海横琴、福建平潭、深圳前海等综合改革实验区等，在这些地区，企业如果涉及现代物流、信息技术、科技服务和文化创意等行业，就享受企业所得税 15% 的优惠。所以，选择地方也是有讲究的。

对于公司的性质来说，分公司和子公司是不一样的，什么叫作"子公司"？什么叫作"分公司"？子公司再小它也是一家独立的企业，分公司再大也只是总公司的一个部门。同时，在所得税方面，总分公司是汇总纳税，母子公司各自纳税；在流转税方面，增值税、营业税等，母子公司各自是纳税人，总分公司也是各自纳税人。

二、公司分立合并中利用税收的政策

公司分立、合并，都产生新公司。根据企业重组中有关企业所得税的纳税事项的相关规定，公司分立与合并中可利用的税收政策有如下几方面。

（一）公司分立有两种所得税的处理方法

一是一般性处理，二是特殊性处理。按照一般性处理，被分立企业对分出去的资产应当按公允价值来确认转让的所得或者损失，减少的是资产，获得的是股权，而股权是按公允价值计量，资产是按成本计量。因此，借方大于贷方，就要确认所得。新分立的企业应按公允价值确认接受资产的计税基础，不论这个资产在原公司是多少成本，但是现在公允价值是 500 万元，这些资产到了新公司应当按 500 万元入账，这就是一般性处理。还有一种处理方法，叫作特殊性处理，很多企业在重组并购中实现特殊性处理，因为特殊性处理暂时不缴纳企业所得税。要想享受特殊性处理，必须要符合下面四个条件。

第一，具有合理的商业目的，不以减少、免除或推迟缴纳税款为目的，财税〔2009〕59 号文件是优惠政策，要去税务行政部门备案，备案就要写报告，因此采取特殊性税务处理可以写："为了优化公司资本配置，提升企业资源使用效率，实施集成化管理、精细化作业，充分提高资产的使用效率，提升市场适应规律，特把我公司的相关组织架构和业务进行剥离，相关条件符合财税〔2009〕59号文件的规定，特采用特殊性企业所得税处理办法"。

第二，企业分立后连续 12 个月不改变分立资产原来的实质经营活动。虽然这个资产分出去，但是这个资产分出去之后要坚持 12 个月不改变它的实质经营活动。

第三，取得股权支付原值的股东在取得分立后的 12 个月内不得转让所获得的股权。也就是说，现在把一家公司分成两家公司，并对原公司和新公司都是 100％控股，虽然持股比例没有变化，但是对于公司的股本下降了。作为这个新公司的股东，拥有新的股权，不得转让刚刚分出来的新公司的股权，12 个月内不能转让新公司的股权，否则就不能享受特殊性的优惠处理。

第四，被分立企业所有股东按原持股比例取得分立企业股权，分立企业和被分立企业均不改变原来的实质经营活动且被分立企业股东在该企业分立发生时取得的股权支付金额不低于交易总额的 85％。

（二）合理避税

财税〔2009〕59 号文件对公司分立的特殊性税务处理是这样规定的。

分立企业接受被分立企业资产和负债的计税基础，以被分立企业的原有计税基础确定。

被分立企业已分立出去的资产相应的所得税事项由分立企业承继。

被分立企业未超过法定弥补期限的亏损额可按分立资产占全部资产的比例进行分配,由分立企业继续弥补。

被分立企业的股东取得分立企业的股权(以下简称"新股"),如需要部分或全部放弃原持有的被分立企业的股权(以下简称"旧股"),"新股"的计税基础应以放弃"旧股"的计税基础确定。如不需要放弃"旧股",则其取得"新股"的计税基础可从以下两种方法中选择确定。

直接将"新股"的计税基础确定为零。

以被分立企业分立出去的净资产占被分立企业全部净资产的比例先调减原持有的"旧股"的计税基础,再将调减的计税基础平均分配到"新股"上。

暂不确认有关资产的转让所得或损失的,其非股权支付仍应在交易当期确认相应的资产转让所得或损失,并调整相应资产的计税基础。

这里要区分两个概念,一是"账面价值",二是"计税基础"。账面价值是会计上对资产成本的称谓,而计税基础是税法上对资产成本的称谓,由于会计的规定和税法的规定有时是不相同的,因此账面价值和计税基础的数据有时也不一定相同。

第三条讲的"是被分立企业分出去的资产相应的所得税事项由分裂企业继续承接,被分裂企业未超过法定弥补期限的亏损额可按照分立资产占全部资产的比例进行分配,由分立企业继续弥补"。假如在分立之前有 600 万元的亏损没有补完,现在把公司一半的资产分出去,另一方公司可以拿出 300 万元去弥补亏损。

第四条的处理分为两种情况,一种是原公司的股东放弃原公司的股权,还有一种是原公司的股东不放弃原公司的股权。如果原公司的股东需部分或全部放弃原持有的被分立企业的股权(以下简称"旧股"),"新股"的计税基础应以放弃"旧股"的计税基础确定。如果原公司的股东需部分或全部放弃原持有的被分立企业的股权,那么就要获得更多新公司的股权,相当于是用"旧股"换"新股"。如果获得的"新股"的计税基础与放弃的"旧股"的计税基础是一样的,那么在所得税法上不用缴税。所以财税[2009]59号文规定"'新股'的计税基础应以放弃'旧股'的计税基础确定",所以就不用缴纳企业所得税了。但是会计上的"新股"的账面价值和"旧股"的账面价值可能是有差异的,如果会计核算体现了投资收益的存在,在企业所得税汇算清缴时做纳税调减即可。

第二节　企业融资的税收风险及应对

在现代企业的发展过程中,融资是企业经营活动中的一个重要组成部分。融资对于企业来说不光是存在一定的融资成本,还包括一定的融资风险,融资成本和融资风险是构成企业融资活动的两个基本问题。然而,财务理论研究中有关融资理论的研究,只重视对融资成本的研究,而忽视对融资风险的研究。而缺乏对融资风险研究的融资理论研究体系是不完整的。下面对企业融资风险的类型、决定因素及其衡量问题做初步探讨。

一、识别和规避资金借贷中的纳税风险

公司成立后需要融资,资金有两大来源:债权资金和股权资金。股权融资前面已经讲过,这部分讲讲资金借贷。

(一)资金可通过金融机构和非银行金融机构取得

第一种情况是向银行借款。一般情况下向银行借款所发生的利息支出只要取得银行开具的合法的相关票据,均可以在税前扣除,只不过一个是费用化,通过财务费用列支,另一个是资本化,将来通过折旧或摊销列支。但有一种情况除外,就是公司向银行借款并无偿转借给关联企业使用,那么该公司向银行支付的

利息不得在税前扣除,因为该资金的本金并未在本公司使用,为当年的经营生产并未起到作用,所以,其支付给银行的利息支出属于无关支出,因此不得扣除,即使取得了银行的合法票据。

第二种情况是向非银行金融机构贷款,比如信托、基金、证券、财务公司、小额贷款公司等,它们首先是金融机构,必须遵守国家金融制度,而国家规定贷款利率不得超过银行基准利率的 4 倍,假如银行基准利率是 6%,非银行的金融机构就不得超过 24%,否则就违法。只要资金是向金融机构借来的,并且取得合法利息的,一般情况下利息支出都是可以扣除的。

(二)资金可通过非金融机构取得

非金融机构就是一般的企业。非金融机构分为两类:一是关联方,二是非关联方,因为国家对关联方交易的管理力度要远强于非关联方,因此必须要先去了解两公司是不是关联方。

现在很多企业都认为关联方指的两公司之间存在投资关系,A 投资 B,A 也投资 C,B、C 两者共同被 A 控制,那么它们两者之间是关联方。A 投资 B,B 投资 C,C 虽然不是 A 直接投资,但 AC 之间也是关联方。其实关联方的关系要远远多于这几种,除了刚才这个投资关系外,还有其他 8 种情况。

相互间直接或间接持有其中一方的股份总和达到 25% 或以上的。

直接或间接同为第三者所拥有或控制股份达到 25% 或以上的。

企业与另一企业之间借贷资金占企业自有资金 50% 或以上,或企业借贷资金总额的 10% 是由另一企业担保的。

企业的董事或经理等高级管理人员一半以上或有一名常务董事是由另一企业所委派的。

企业的生产经营活动必须由另一企业提供的特许权利(包括工业产权、专有技术等)才能正常进行的。

企业生产经营购进原材料、零配件等(包括价格及交易条件等)是由另一企业所控制或供应的。

企业生产的产品或商品的销售(包括价格及交易条件等)是由另一企业所控制的。

对企业生产经营、交易具有实际控制的其他利益上相关联的关系,包括家族、亲属关系等。

(三)关联方之间借款,有五个需要注意的问题

1.关联方之间借款必须签订合同

不签订合同说不清道不明。分录是企业自己做的,想计入哪个账户就计入哪个账户,很多企业收到货款,应该是收入,为了不缴税,通过入往来账来逃税,但是税务机关永远不会以会计分录来判定相关资金费用的归属。所以要提供证据来证明这个钱是借来的,那就是"借款合同"。

说到证据,现在有两种方法,一是税务局上门进行纳税评估;二是税务局上门去做税务稽查。不要选择评估,一定要选择稽查,因为评估是税务行政部门给出一份评估报告,把异议写上面,如果对结果有异议,需要找证据来证明。因此,纳税评估一般是由企业找证据来申辩。而稽查是由税务行政部门来找证据、文件,来进行鉴定。因此要选被稽查而不是评估。

2.关联方借款合同上要约定公允的利率

《税收征收管理法》第三十六条规定,企业或者外国企业在中国境内设立的从事生产、经营的机构、场所与其关联企业之间的业务往来,应当按照独立企业之间的业务往来收取或者支付价款、费用;不按照独立企业之间的业务往来收取或者支付价款、费用,而减少其应纳税的收入或者所得额的,税务机关有权进行合理调整。据此可知,关联企业间资金借贷,如果融通资金约定利率低于金融机构同期同类贷款利率,税务机关有权按照金融机构同期同类贷款利率核定其利息收入并要求其缴纳相应所得税。

所以,从上面的文件可以看出,如果不按照独立企业之间的业务往来收取或者支付价款、费用,而减少其应纳税的收入或者所得额的,税务机关有权进行合理调整。

3.钱借来之后,放入的科目

往来账确实是一种债权债务关系,借款也是债权债务关系。但是往来账的债权债务关系不产生利息吗?借款是要产生利息的。因此,如果把借款放到往来账上,就弱化了利息。而且公司的往来账是指公司在提供销售或提供劳务的活动中形成的债权债务关系,因此每一笔往来账的背后,都应该有一笔真实的交易。

4.钱借来之后,对方公司还款方式

很多企业把钱借给对方,属于债权,对方现在不还了,在会计上应把它作为资产损失,但是这样的资产损失能不能税前扣除呢?根据国家在2011年颁布的国家税务总局25号公告第四十五条规定:企业按独立交易原则向关联企业转让资产而发生的损失,或向关联企业提供借款、担保而形成的债权损失,准予扣除。只有按照独立交易原则向关联企业提供借款而形成的债权损失才可以税前扣除,而无息借款,其无法收回形成的资产损失是不得税前扣除的。

5.借款如期归还应注意的问题

根据《财政部、国家税务总局关于企业关联方利息支出税前扣除标准有关税收政策问题的通知》(财税[2008]121号),纳税人从关联方取得借款,应符合税收规定债权性投资和权益性投资比例(注:金融企业债资比例的最高限额为5∶1,其他企业债资比例的最高限额为2∶1),关联方之间借款超出上述债资比例的借款利息支出,除符合财税[2008]121号文件第二条规定情况外,原则上不允许税前扣除。

另外,对于关联方企业借款利息费用扣除问题,《国家税务总

局关于印发〈特别纳税调整实施办法（试行）〉的通知》（国税发
[2009]2号）作了进一步规定：不得扣除利息支出＝年度实际支付
的全部关联方利息×（1－标准比例÷关联债资比例）。

二、统筹借贷融资模式的纳税处理和风险

财税字[2000]7号文规定：从2000年1月1日起，对企业主
管部门或企业集团中的核心企业单位，以下称为统借方，向金融
机构借款后，将所借资金分拨给下属单位，包括独立核算单位和
非独立核算单位，并按支付给金融机构的借款利率水平向下属单
位收取用于归还金融机构的利息，不征收营业税。如果统借方将
资金分拨给下属单位，按高于支付给金融机构的借款利率水平向
下属单位收取利息，则视为具有从事贷款业务的性质，应对向其
下属单位收取的利息全额征收营业税。

统借统贷其收取的利率和支付出去的利率是相同的。文件
中所讲的是"分拨"，而不是"借"，对于文件中需要注意的是：统借
统贷的主体必须是集团公司。就是公司的营业执照上必须有"集
团"两个字，是经过工商登记注册的集团公司。集团公司，是为了
一定的目的组织起来共同行动的团体公司，是指以资本为主要联
结纽带，以母子公司为主体，以集团章程为共同行为规范的，由母
公司、子公司、参股公司及其他成员共同组成的企业法人联合体。
一般意义上的集团公司，是指拥有众多生产、经营机构的大型公
司。它一般都经营着规模庞大的资产，管辖着众多的生产经营单
位，并且在许多其他企业中拥有自己的权益。

按照相关规定，集团公司成立的条件有以下几点：企业集团
的母公司（核心企业）注册资本在5000万元人民币以上，并至少
拥有5家子公司；母公司（核心企业）和其子公司的注册资本总和
在1亿元人民币以上；企业集团的母公司（核心企业）应登记为有
限责任公司或股份有限公司；全民所有制企业可以作为核心企业
组建企业集团，但注册资金应在1亿元人民币以上；集团成员单

位均具有法人资格。

当然"统借统贷"还是有很多好处的。

关于"统借统贷"借款利息企业所得税税前扣除凭据,税务部门一般不再要求代开利息票据。

"统借统贷"借款不属于关联企业之间的借款,因此这笔资金不属于关联企业之间的借款,就不受 2∶1 比例的限制,即使投资时是 1000 万元,借给其 3000 万元,子公司支付的利息还是可以全部扣除的,不受 2∶1 比例的限制。

"统借统贷"行为不属于债券型投资,可以认定为符合独立交易原则。

三、向自然人借款会给企业带来的纳税风险

在企业融资中,有一种情况就是企业向自然人借款,特别是向股东借款。《关于规范个人投资者个人所得税征收管理的通知》(财税[2003]158 号,以下简称 158 号文)规定:纳税年度内个人投资者从其投资企业(个人独资企业、合伙企业除外)借款,在该纳税年度终了后既不归还,又未用于企业生产经营的,其未归还的借款可视为企业对个人投资者的红利分配,依照"利息、股息、红利所得"项目计征个人所得税。

也就是说,个人股东向其投资的企业借款,在一定期限内不归还,可以视为企业对个人投资者的红利分配,要对其计征个人所得税。但从实际工作中来看,这一规定过于简单,征纳双方往往对其实际运用产生争议。根据税法规定,纳税年度通常是指公历年 1 月 1 日至 12 月 31 日。也就是说,个人股东只要向其投资企业当年度借款并在当年度不归还,就要征税。这一规定的出发点是财税部门为了堵塞个人股东通过向企业借款变相分红,从而不缴税的税收征管漏洞,但机械地照搬文件也不对。那么在实际操作中,对个人股东借款未归还的期限到底应如何界定呢?

《个人所得税管理办法》(国税发[2005]120 号)第三十五条第

四款规定:"加强个人投资者从其投资企业借款的管理,对期限超过一年又未用于企业生产经营的借款,严格按照有关规定征税。"这里对借款归还期限征税的规定是一年,和 158 号文规定的"纳税年度终了后"存在明显区别。那么究竟以哪个文件为准呢?虽然 120 号文是税收征管文件,属于程序性文件,但依据"前文服从后文"的立法原则,应以 120 号文规定为准。而且,从一般常识推断,一般股东从被投资企业借款,终归需要设定一定的还款期限,还款期限越长,股东变相分红的风险越大。从这个角度来说,超过 12 个月不归还具有长期占用的特点,在这种情况下对其推定为分配股息红利来征收个人所得税才是合适的。

通过上述文件可以看出,如果公司股东向公司借钱一年之内不予归将视为股利分配。公司老板只要向公司借款,这个钱借走之后一年不还就要替他缴纳 20％的个人所得税,很多企业没交,一挂就好几年,特别是垫资,很多公司开业,对方垫资 500 万元,而成立之后,资金就撤走了,其资金要么挂客户名下要么挂老板名下,一挂就挂好几年,税务部门一旦发现,就要收 20％的个人所得税。

公司向股东借钱,这属于关联方借款,有各种限制。因此干脆不要借了,直接股东增资。比如公司现在缺 200 万元,如果跟股东借 200 万元是需要按照公允的利息支付给股东,同时股东还要缴纳营业税和个人所得税。

第三节　企业采购的税收风险及应对

采购,作为企业制造成本中费用的主要构成部分,始终占据企业成本的 60％～70％,可以说好的采购行为决定了最终产成品的盈利能力。企业要实现大批量产品的生产,就需要大批量材料的采购。企业要持续健康发展,既要建立起与供应商的战略合作伙伴关系,又要尽可能地做好自我防范措施。在保证采购数量、质量长期稳定的同时降低采购成本,有效分散涉税风险,以有限的资源为企业创造出最大的价值。

一、判断增值税发票

采购,说到这个词大家就会想到一个概念——增值税专用发票。那么拿到的增值税发票,你能不能判断出它是虚开呢?如果有的企业真的是想去虚开发票,它就会故意去做。比如,双方先签订合同,把合同的价税合计款全打过去,造成数据上的资金流,然后对方开发票,然后把手续费留下,余款归还,一般是打到老板的个人账户。

但是,许多企业虚开了增值税发票却不一定知道,这是真的。但是采购员就会非常纠结,因为小规模纳税人和一般纳税人都能提供同一种材料,并且质量差不多,小规模价格便宜但是不能开具增值税专用发票,一般纳税人能开具增值税专用发票但是价格贵。作为采购部来讲,采购部是成本控制中心,他们在采购时要进行成本控制。

从采购部自己的角度来讲,他们当然希望选择小规模纳税人,因为价格便宜,但这样财务部门是不会同意的,因为没办法拿到增值税专用发票。

公司在买货的时候,一般情况下是先拿票回来还是先付款?是在什么时候看到采购合同?采购员此时会拿着合同和请款单跑到财务处请求付款。如果公司是先拿发票,再付款,那么当拿到那张增值税专用发票时,应该还没有看到采购合同,即不一定知道到底是跟谁签订的合同、跟谁买的货。

由于采购员是先拿票,再付款,财务处拿到这票时应该还没有看到采购合同,还不知道公司到底是跟谁买的货。认证肯定能通过,因为这张发票也是增值税系统开出来的。于是财务处就把这张票在当月抵扣了。但是这张票是哪来的呢?有可能是供货商的上家是一般纳税人,上家把增值税发票开给供货商是没用的，无论上家开增值税发票还是开普票都是 17％ 的税率，于是供货商就让上家把票开给了采购员的企业，所以采购员才会拿到增值税专用发票。3 个月后，采购员拿着那份采购合同来财务处要求付款。财务人员此刻很难发现现在付款的这个公司和当时开票的公司不一致，因为这 3 个月期间公司会有很多票据往来，财务人员可能还以为现在的这个付款是另外一笔新的先付款后拿票的业务。即使通过存货、入账单、运输单看到了不一致，但是这张票的进项税早抵扣了，不该抵扣的抵扣了。所以，在多数情况下，公司虚开发票或者取得虚开发票的公司自己都不一定知道，就这样在不经意间就发生了。

　　是什么原因造成企业虚开票呢？《发票管理办法》规定："发票，是指在购销商品、提供或者接受服务以及从事其他经营活动中，开具、收取的收付款凭证。"我们的发票须开给与我们签订合同的那家企业，那么怎么才能合法呢？

　　目前，由于我国的增值税链条很不完善，无论在采购方面还是销售方面都存在发票问题。有的企业要用增值税发票，有的不要。如房地产开发企业、施工企业、服务行业、金融行业等都不需要增值税发票。对一般纳税人来说，如果客户是上述公司就应该开普通发票。但有的是小规模纳税人，就没有增值税发票，这造成了销售市场上发票比较混乱的状况。当采购人员在采购原材料时，常常会出现这家企业给开具的是增值税发票，那家企业开具的是普通发票，由于发票的不同，直接影响采购方的进项税抵扣，影响税收负担。这就需要采购人员在签订合同时合理合法地进行管理。

二、正确认识理解增值税才会降低纳税风险

　　随着"营改增"的推进，2016 年 3 月 23 日财政部、国家税务总局发布了《关于全面推开营业税改增值税试点的通知》（财税〔2016〕36 号），所有企业将来都要去缴纳增值税的，如果我们对增

值税不了解，不仅算不好这个税，更管理不好这个税。一笔是货款，一笔是进项税额。这句话是永远不变的。

买家付出来的税款对买家来说叫作"进项税额"，卖家收到的税款对卖家来说叫作"销项税额"。销售税额不是卖家的收入，其实是卖家替国家代收的一笔税款，将来要给国家的。但是在将来把这个销项税额上缴国家时可以将原来买货的时候支付出去的进项税额留下来，这个行为叫作抵扣。很多企业特别希望抵扣进项税额。但是抵扣回来的每一分进项税额都是之前付出去的。公司抵扣得越多说明之前付得越多，付得越多就说明公司资金流流出量就越大，公司资金就被别人占用得越多。但如果抵扣得少，那增值税就高了。增值税高不可怕，因为付出去的每一分增值税都不是自己的钱，因为增值税是公司的销项税额减去进项税额算出来的，也就是说公司的增值税其实就是公司销项税额的一部分，既然销项税额是替国家代收的，那么缴纳的增值税也就不是你的收入。在企业所得税汇缴时，公司各种税金都能在税前扣除，唯有增值税是不能扣除的，因为这个钱不是公司的收入。

很多企业说，"如果买货的时候拿到的发票是普通发票，那付的进项税就拿不回来，因此跟业务员讲出去买货，找客户，一定要拿增值税发票回来"。

三、正确识别和避免虚开增值税发票

虚开增值税专用发票或者虚开用于骗取出口退税、抵扣税款的其他发票，是指有为他人虚开、为自己虚开、让他人为自己虚开、介绍他人虚开行为之一的，违反有关法规，使国家造成损失的行为。参照 1996 年 10 月 17 日最高人民法院《关于适用〈全国人民代表大会常务委员会关于惩治虚开、伪造和非法出售增值税专用发票犯罪的决定〉若干问题的解释》的规定，具有下列行为之一的，即属本罪的虚开：没有货物购销或者没有提供或接受应税劳务而为他人、为自己、让他人为自己、介绍他人开具；有货物购销

或者提供或接受了应税劳务但为他人、为自己、让他人为自己、介绍他人开具数量或者金额不实;进行实际经营活动,但他人为自己代开其余的对不能反映纳税情况的有关内容作虚假填写。

根据现行的税法规定,可分为两类,一是"恶意接受虚开发票",二是"善意取得虚开发票"。"恶意接受虚开发票"又分为两种,一种是唆使他人为自己开具的行为,另一种是明知他人是虚开也接受的行为。"善意取得虚开发票"是指购货方与销售方存在真实交易,且购货方不知取得的发票是以非法手段获得的。

税法规定的恶意标准:在货物交易中,购货方从销售方取得第三方开具的专用发票,或者从销货地以外的地区取得专用发票,向税务机关申报抵扣税款或者申请出口退税的,应当按偷税、骗取出口退税处理。

随后,国家税务总局再次发文《国家税务总局关于纳税人取得虚开的增值税专用发票处理问题的通知》补充通知,有下列情形之一的,无论购货方(受票方)与销售方是否进行了实际的交易,增值税专用发票所注明的数量、金额与实际交易是否相符,购货方向税务机关申请抵扣进项税款或者出口退税的,对其均应按偷税或者骗取出口退税处理;购货方取得的增值税专用发票所注明的销售方名称、印章与其进行实际交易的销售方不符的情况;购货方取得的增值税专用发票为销售方所在省(自治区、直辖市和计划单列市)以外地区的情况;其他有证据表明购货方明知取得的增值税专用发票是销售方以非法手段获得的情况。

实践中认为,第一,购货方必须自始至终不知道销售方提供的专用发票是以非法手段获得的;第二,购货方取得专用发票是为了实现良好、合法的目的,即依法抵扣进项税款或者获得出口退税;第三,只要购货方与销售方进行了真实的交易,销售方提供的是其所在省、自治区、直辖市或者计划单列市的专用发票,专用发票注明的销售方名称、印章、货物数量、金额及税款等全部内容与实际相符,且没有证据表明购货方知道销售方提供的专用发票是以非法手段获得的,税务机关就可按照"善意"推断。

2014 年 7 月国家税务总局出台了 2014 年第 39 号公告,也就是《国家税务总局关于纳税人对外开具增值税专用发票有关问题的公告》,文件规定:纳税人通过虚增增值税进项税额偷逃税款,但对外开具增值税专用发票同时符合以下情形的,不属于对外虚开增值税专用发票:纳税人向受票方纳税人销售了货物,或者提供了增值税应税劳务、应税服务;纳税人向受票方纳税人收取了所销售货物、所提供应税劳务或者应税服务的款项,或者取得了索取销售款项的凭据;纳税人按照规定向受票方纳税人开具的增值税专用发票相关内容,与所销售货物、所提供应税劳务或者应税服务相符,且该增值税专用发票是纳税人合法取得,并以自己名义开具的。

受票方纳税人取得的符合上述情形的增值税专用发票,可以作为增值税扣税凭证抵扣进项税额。

第四节　企业营收的税收风险及应对

企业从事生产经营,必将和社会的各界进行交易,一方面企业必须购买固定资产、无形资产、生产资料等,另一方面要将自己生产的产品或者服务对外销售。企业的三大财务报表直接清楚地将企业生产经营状况表现出来:资产负债表描述了在某一时点企业资产的构成状况以及资产来源构成,利润表是对企业一年经营成果的总结,而现金流量表则更加直观地讲解了企业因为生产经营和销售等诸多行为带来的现金流入和流出状况。

一、营销模式设计的纳税预算

在市场经济条件下,企业销售产品的方法千姿百态,五花八门。但无论采取什么方法,都要涉及税收问题。所以,下面将从各种销售方式入手分析纳税预算方法。

(一)折扣销售的税收处理及预算

折扣销售是指销售方为达到促销的目的,在向购货方销售货物源提供应税劳务时,因为购货方信誉较好、购货数额较大等原因,而给予购货方一定的价格优惠的销售形式。

根据税法规定,采取折扣销售方式,如果销售额和折扣额在同一张发票上体现,那么可以以销售额扣除折扣额的余额为计税金额;如果销售额和折扣额不在同一张发票上体现,那么无论企业财务上如何处理,均不得将折扣额从销售额中扣除。采取这种方式销售时,可能会减少厂家和商家的利润,但由于折扣销售可以节税,实际减少的利润比人们想象得要少。

折扣销售商品,使同样销售量的销售额下降,但同时流转税也会相应地减少,随着销售收入的减少,所得税也相应地减少。因此,折扣销售一方面会产生减少利润的负面效应,另一方面又会产生促销和节税的正面效应。这也就是人们常说的薄利多销效应,但是随着薄利多销效应的逐渐增强会逐渐抵消降低销售和折扣销售的节税效应。

(二)销售折扣的税收处理及预算

销售折扣,指债权人为鼓励债务人在规定的付款期内,而向债务人提供的债务扣除。比如,10 天内付款,货款折扣 2%;20 天内付款,折扣 1%;30 天内全价付款。其特点是折扣发生在销售之后。通过分析发现,销售折扣是为使购货方尽快偿付货款而给予的折扣,其发生在销售行为之后。也就是说,折扣的发生是在销售这个法律关系已经发生,增值税的纳税条件已经满足,收入已经确定,所得税征税条件已经满足,折扣的发生是为了货款早日收回,因而其与销售行为没有关系,故不允许在销售额中扣除,应该按照扣除现金折扣前的金额确定销售商品收入金额,计征增值税、企业所得税。销售折扣发生时,可列入财务费用,在计算企业所得税时准予扣除。

由此得出结论,折扣二字在销售之后,表明折扣的发生在销售之后,与销售行为发生、税收关系成立无关,因而折扣额不能在销售额中扣除,应以扣除折扣额之前的销售额计算纳税。

(三)销售折让的税收处理及预算

销售折让,指货物销售后,由于品种、质量等原因购货方未予退货,但销货方需给予购货方的一种价格折让。如企业销售的商品由于不满足购货方的要求,企业给予购货方1000元的折让。其特点是折让行为发生在货物销售之后,导致原销售额减少。通过分析发现,销售折让的折让,虽然发生在销售之后,但是折让的发生是为了销售行为和税收关系继续成立,因而折让额应该在计税销售额中扣除。所以,增值税相关法规规定,对销售折让可按折让后的货款为销售额,销售折让发生后,销售方按照折让额冲减销项税,购进方按照折让额冲减进项税;企业所得税相关法规规定,若企业已经确认销售收入的售出商品发生销售折让,应当在发生当期冲减当期销售商品收入。

由此得出结论,折让二字在销售之后,表明折让的发生在销售之后,是为了销售行为、税收关系继续成立,因而折让额应该在销售额中扣除,应以扣除折让额之后的销售额计算纳税。

(四)代销方式选择的税收处理及预算

所谓代销,是指受托方按委托方的要求销售委托方的货物,并收取手续费的经营活动。仅就销售货物环节而言,它要征收增值税。但是受托方提供了劳务,就要取得一定的报酬,因而要收取一定的手续费,那么就要对受托方提供代销货物的劳务所取得的手续费征收营业税。

常见的代销方式有两种:一种是收取手续费,即受托方根据所代销的商品数量向委托方收取手续费,这对受托方来说是一种劳务收入。另一种是视同买断,即由委托方和受托方签订协议,委托方按协议价收取所代销的货款,实际售价可由双方在协议中明确规定,也可由受托方自定,实际售价与协议价之间的差额归受托方所有,这种销售仍是代销,委托方只是将商品交给受托方代销,并不是按协议价卖给受托方。

二、销售结算设计的纳税预算

不同结算方式下的纳税预算。

生产性企业,在市场中既充当采购方,又充当销售者。由于企业所扮演的角色不同,就决定了它必然会做出完全不同的纳税预算。因此,结算方式的纳税预算可以分为采购结算方式的纳税预算和销售结算方式的纳税预算。

采购商品时有两种结算方式:一种是赊购,另一种是现金采购。不论采取哪种结算方式作为采购方要尽量延迟付款,为企业赢得一笔无息贷款。具体而言,应从以下几个方面着手:未付出货款,先取得对方开具的发票;使销售方接受托收承付与委托收款的结算方式,尽量让对方先垫付税款;采取赊销和分期付款方式,使销售方垫付税款,而自身获得足够的资金调度时间;尽可能少用现金支付。

以上结算方式的预算不能涵盖采购结算方式预算的全部,但是延期付款是采购结算方式纳税预算的核心。同时,企业不能损害自身的商誉,丧失销售方对自己的信任。企业产品销售的具体形式是多种多样的,但总体上有两种类型:现销方式和赊销方式。销售结算方式由销售方自主决定,这为企业利用不同结算方式进行纳税预算提供了可能。不同的销售结算方式决定了产品销售收入的实现时间,而产品销售收入的实现时间又在很大程度上决定了企业纳税义务发生的时间,纳税义务发生时间的早晚又为利用税收屏蔽、减轻税负提供了预算机会。

根据《中华人民共和国增值税暂行条例实施细则》(中华人民共和国财政部 国家税务总局令第 50 号)第三十八条的规定,纳税人销售货物或者应税劳务的纳税义务发生时间,随销售结算方式的不同而不同,具体条款包括:采取直接收款方式销售货物,不论货物是否发出,均为收到销售款或者取得索取销售款凭据的当天。采取托收承付和委托银行收款方式销售货物,为发出货物并办妥托收手续的当天。采取赊销和分期收款方式销售货物,为书面合同约定的收款日期的当天,无书面合同的或者书面合同没有约定收款日期的,为货物发出的当天。采取预收货款方式销售货物,为货物发出的当天,但生产销售工期超过 12 个月的大型机械设备、船舶、飞机等货物,为收到预收款或者书面合同约定的收款日期的当天。委托其他纳税人代销货物,为收到代销单位的代销清单或者收到全部或者部分货款的当天;未收到代销清单及货款的,为发出代销货物满 180 天的当天。销售应税劳务,为提供劳务同时收讫销售款或者取得索取销售款凭据的当天。

三、销售货物移送的纳税预算

《中华人民共和国增值税暂行条例实施细则》第四条规定:"设有两个以上机构并实行统一核算的纳税人,将货物从一个机构移送其他机构用于销售的,应视同销售处理。"在实际工作中,企业所属机构间移送货物的情况是多种多样的,是否都征收增值税,应该根据实际情况而定。

首先,应当明确销售收入确认的 4 个条件(根据新《企业会计制度》规定)。

第一,企业已将商品所有权上的主要风险和报酬转移给购货方。

第二,企业既没有保留通常与所有权相联系的继续管理权,也没有对已售出的商品实施控制。

第三,与交易相关的经济利润能够流入企业。

第四,相关的收入和成本能够可靠地计量。

企业销售商品只有同时符合上述 4 个条件,才可确认为收入的实现。

再者,根据国家税务总局《关于企业所属机构间移送货物征收增值税问题的通知》(国税发[1998]137号)中对"用于销售"的解释,收货机构发生以下情形之一的经营行为:①向购货方开具发票;②向购货方收取货款。再有国家税务总局《关于企业所属机构间移送货物征收增值税问题的补充通知》(国税函[1998]718号)中规定了企业所属机构发生销售行为,其应纳增值税一律由企业所属机构主管税务机关征收。

货物移送的财税处理及预算。

如企业将货物调拨到其分支机构时就做销售处理,而分支机构实际销售货物时又在当地缴纳了税款,由于企业在与非独立核算的分支机构之间移送货物是否能开具发票确认收入尚存在争议,那么企业做销售处理就等于重复计税。

这样,给企业生产经营和财务核算造成了一定的影响。因为根据新《企业会计制度》第十一条规定,企业在会计核算时应当遵循以下基本原则:客观性原则、实质重于形式原则、权责发生制原则等。特别是实质重于形式的原则规定:如果企业没有将商品所有权上的主要风险和报酬转移给购货方,或没有满足收入确认的其他条件,即使相关合同或协议已经签订,或已将商品形式上交付购货方,销售没有实现,不应当确认收入。也就是说,企业在向其分支机构移送调拨货物时暂不做销售处理。在分支机构实际发生销售时,如果符合上述"用于销售"的条件,可直接在分支机构所在地的税务机关纳税;如果是分支机构只负责销售,不收款也不开具销售发票,而直接将货款交给企业并由企业开具发票的,应由企业负责缴纳税款。

另外还有两种情况,一是分支机构加工生产货物后,将货物移送调拨到总机构由总机构负责统一销售;另一种是企业在外地设立"办事处"和"销售点"。这两种情况基本都是在货物移送调拨时,凭企业的内部调拨单或出库单一方面挂往来账,减少企业的库存,等到销售实现时做销售处理并相应集中到往来账。如果税务机关监督力度不够,就有可能造成企业利用长期挂往来账不做销售处理而使税款流失。为了既能有利于企业的生产经营和财务核算，又不造成税款的流失，建议企业应从以下方面入手。

首先，应制作货物"产、销、存月报表"按不同产品分别填制。

其次，应将各分支机构及在外地设立的用于销售货物的"办事处""销售点"等报税务机关备案。

最后，应将所属机构开具发票或收取货款销售的情况以及所属机构接受企业移送的货物或企业接受所属机构移送的货物的数量、当月销售的数量和库存数量定期向税务机关报送。

当税务机关遇到有的企业在货物调拨时没有做账务处理，在收到分支机构交来的货款和购买方的名单时就直接做销售处理的情况时，可以要求企业在货物调拨时做账务处理，并建立货物明细分类账（按存货地点设置）。借：库存商品——某某销售点、分支机构（某产品）；贷：库存商品——总库存（某产品）。另一方面，税务机关还应对企业加强日常的监督和检查，根据企业报送的资料不定期地实地盘点进行核对。这样既不影响企业总账上的存货，又易于分清货物的去向，促使企业走上规范化管理之路。

四、销售票据开具的纳税预算

目前，由于我国的增值税链条很不完善，无论在采购还是销售方面都存在发票问题。有的企业要增值税发票，有的不要。如房地产开发企业、施工企业、服务行业、金融行业等都不需要增值税发票。对一般纳税人来说，如果客户是上述公司就应该开普通发票。但有的企业是一般纳税人，还有的是小规模纳税人，就没有增值税发票，这造成了销售市场上发票比较混乱的状况。当采购人员在采购原材料时，常常会出现这家开的是增值税发票，那家开的是普通发票，由于发票的不同，直接影响到采购方的进项税抵扣，影响了税收负担。这就需要采购人员在签订合同的时候多动脑筋，合理合法地进行预算。

第五节　企业利润分配的税收风险及应对

企业利润的分配,要考虑企业是否能够长期、稳定发展,并且关系到所有者的合法权益是否得到保护等重要问题。为此,企业在实现发展的前提下,应该加强对利润分配的管理和核算。企业利润分配的主体是投资者和企业,利润分配的对象是企业实现的净利润;利润分配的时间即确认利润分配的时间是利润分配义务发生的时间和企业做出决定向内向外分配利润的时间。

一、工资薪酬配置实现税负的节约

关于工资的个人所得税的筹划本文总结了以下几种方法,分别有:工资奖金化、奖金工资化、工资费用化、工资股利化、工资公积化、工资劳务化等。如果你现在每个月工资5500元,5500元减去3500元还有2000元,2000元适用于10%的税率。如果工资为5000元,那就是适用3%的税率。那么每月少发的500元一年汇总下来总计6000元,企业作为年终奖发给员工,6000元的年终奖适用的税率也只有3%,可以看到年收入总额没有变,但总税负大大降低。这个例子说明工资奖金化与奖金工资化的税负不同。

二、正确把握福利的"三化"才能降低纳税成本

福利有福利货币化、福利实物化、福利统筹化三种。什么叫作福利货币化?第一个是通信补贴。如果每位员工每月发300元电话补贴是要缴纳个人所得税的。如果职工每个月可以拿发票来报销300元,电话费发票上是个人的名字,一看就是实物化福利,也要缴纳个人所得税。如果单位用10万元买电话卡,电信公司把发票开给单位,然后把电话卡发给员工,这样是不是就可

以不需要缴纳个人所得税了呢？不行，因为计入公司的管理费用的电话费是指你公司在电信公司备案的那个号码所消费的话费，为员工统一购买的电话卡仍然属于实物化福利。那应该怎么办呢？以公司的名义在电信部门开个户，电信公司会给你配一台交换机，交换机下面有好多分机号码，每个分机号码有一个小手机，所有手机的话费就统一由总号支付，这就变成统筹化通信。

第二个是交通补贴。再也不要给每个员工 500 元交通补贴，因为这是货币化福利，也不要拿汽油票来报销了，因为公司季度管理费用的油费太高，报销的发票中有的是开给单位的，有的是开给个人的，税务机关会怀疑公司虚列支出费用。

第三个是伙食补贴。不要每个月往工资卡里打 300 元，因为这是货币化。如果单位给配一个内部的卡，单位每个月向卡内打 300 元，职工用这个卡去食堂吃饭，钱不够用了，自己往里面充值，钱用不完可以到食堂旁边的小卖部买点日常用品带回家，那么这个卡仍然缴税，因为它仍然是货币化。

最后说说住房补贴，也不要每个月给新员工打 500 元，让他去租房子，这是货币化，或者说职工租了房子拿发票来报销，报销也是实物化。单位既然每年要招很多新员工，可以以单位的名义租一栋楼，提供免费的宿舍。

福利下有个补贴，这个补贴很多人不了解，为什么呢？因为有些补贴要缴纳个人所得税，有些补贴就不要缴纳个人所得税，有些补贴在企业里需计入工资总额，有些补贴是计入福利费，有些补贴直接进期间费用，这让人分不清。根据《国家税务总局关于个人所得税有关政策问题的通知》（国税发[1999]58 号）规定，只有经省级地方税务局根据纳税人公务交通、通信费的实际发放情况调查测算后，报经省级人民政府批准、国家税务总局备案的一定标准之内的公务交通、通信费用才可以扣除。除此之外，或者超出这一标准的公务费用，一律并入当月工资、薪金所得计征个人所得税。

三、离退休人员返聘正确纳税方式

现在,很多离退休人员离退休之后,特别是有一技之长的离退休人员往往被返聘到单位上班或外出兼职,还有些离退休人员自己创业、对外进行投资等,离退休人员由此取得的收入也就不断增加,离退休人员的纳税问题也就引起了社会的关注。根据税法规定,离退休人员的工资收入可免征个人所得税,但离退休人员取得的除工资之外的收入则应根据不同情况需要缴纳个人所得税。关于离退休人员的工资薪酬福利问题,具体来说,需注意以下六种情况。

(一)退休工资、离休工资、离休生活补助费免税

《中华人民共和国个人所得税法》第四条第七款规定:按照国家统一规定发给干部、职工的安家费、退职费、退休工资、离休工资、离休生活补助费免征个人所得税。

(二)离退休人员从原任职单位取得离退休工资或养老金以外的各类补贴应按工薪所得缴纳个人所得税

《国家税务总局关于离退休人员取得单位发放离退休工资以外奖金补贴征收个人所得税的批复》(国税函[2008]723号)规定:离退休人员除按规定领取离退休工资或养老金外,另从原任职单位取得的各类补贴、奖金、实物,不属于《中华人民共和国个人所得税法》第四条规定可以免税的退休工资、离休工资、离休生活补助费。根据《中华人民共和国个人所得税法》及其实施条例的有关规定,离退休人员从原任职单位取得的各类补贴、奖金、实物,应在减除费用扣除标准后,按"工资、薪金所得"应税项目缴纳个人所得税。

(三)退休人员再任职取得的收入应缴个人所得税

《国家税务总局关于个人兼职和退休人员再任职取得收入如

何计算征收个人所得税问题的批复》（国税函[2005]382号）规定，个人兼职取得的收入应按照"劳务报酬所得"应税项目缴纳个人所得税；退休人员再任职取得的收入，在减除按个人所得税法规定的费用扣除标准后，按"工资、薪金所得"应税项目缴纳个人所得税。

（四）延长离退休年龄的高级专家从所在单位取得的工资、补贴等视同离退休工资免税

《财政部 国家税务总局关于高级专家延长离休退休期间取得工资薪金所得有关个人所得税问题的通知》（财税[2008]7号）规定按下列规定征免个人所得税：对高级专家从其劳动人事关系所在单位取得的，单位按国家有关规定向职工统一发放的工资、薪金、奖金、津贴、补贴等收入，视同离休、退休工资，免征个人所得税；除上述所述收入以外各种名目的津补贴收入等，以及高级专家从其劳动人事关系所在单位之外的其他地方取得的培训费、讲课费、顾问费、稿酬等各种收入，依法计征个人所得税。

（五）个人提前退休取得的一次性补贴收入按工资所得计税

《国家税务总局关于个人提前退休取得补贴收入个人所得税问题的公告》（国家税务总局公告2011年第6号）规定：个人提前退休补贴按下列规定计算缴纳个人所得税。

机关、企事业单位对未达到法定退休年龄、正式办理提前退休手续的个人，按照统一标准向提前退休工作人员支付一次性补贴，不属于免税的离退休工资收入，应按照"工资、薪金所得"项目征收个人所得税。个人因办理提前退休手续而取得的一次性补贴收入，应按照办理提前退休手续至法定退休年龄之间所属月份平均分摊计算个人所得税。

（六）离退休人员的其他应税所得应依法缴个税

根据个人所得税法的规定，离退休人员取得的个体户生产经

营所得、对企事业单位的承包经营和承租经营所得、劳务报酬所得、稿酬所得、财产租赁所得、财产转让所得、利息股息红利所得、偶然所得以及其他所得均应依法缴纳个人所得税。

第六节 企业并购重组的税收风险及应对

企业兼并重组，指在企业竞争中，一部分企业因为某些原因无法继续正常运行，考虑到员工等各方面利益，按照一定的程序进行的企业兼并和股权转让，从而实现企业的变形，达到企业重组的目的。

企业发展壮大要么依靠自身力量，要么通过取得外部经营资源谋求发展。近两年企业并购数量和涉及的数额巨大，企业并购重组成为当今企业扩大自身力量的主旋律。企业并购重组作为调整产业结构和优化资源配置的有效手段，对促进企业做大做强起着重要的作用，因此研究企业并购重组有很大的实践意义。

然而直到 20 世纪末我国并购市场才有所发展，对我国并购重组的研究很少，对并购税务风险的研究就更是寥寥无几。但随着税收因素逐渐显示出它的巨大影响力，其日益被国家和企业重视起来。企业并购重组在中国经济发展中起到越来越重要的作用，是企业快速发展壮大的有效手段。针对目前税务风险管理不力的情况和我国现行并购税收法律政策不断变化的双重背景对我国企业并购重组潜在的税务风险点进行了合理的预测，并运用了层次分析法对税务风险进行评估。通过对支付方式和目标企业等影响税负的因素的分析，得出了一些关于降低企业并购重组税负的常用做法的相关结论。最后通过并购重组的案例分析提出了关于我国降低企业并购重组税务风险的建议对策，希望能从企业的角度降低并购重组的税负，实现企业价值最大化的经营目标。

近年来国家不断出台一些鼓励企业并购重组的税收政策，并购市场发展迅速,税收因素也逐渐被企业在并购重组中考虑到。不过目前我国关于企业并购重组的税务风险管理存在一些问题,加之近年来并购重组作为资产交易的形式之一也被列为稽查的指令性项目。所以研究企业并购重组的税务风险迫在眉睫。

一、企业兼并重组的主要表现形式

(一)承担债务式

兼并方接收被兼并方的所有事物,全部的资产,以及承担被兼并方的全部债务债权,安置被兼并方的人员,从而成为兼并方的企业出资者。

(二)出资购买式

兼并方通过自身购买被兼并方的所有资产。

(三)控股式

兼并方在收购或者资产方面的转换等各种方式,取得被兼并方企业的控股权与掌控能力。

(四)授权经营式

被兼并方的出资者将被兼并企业全部资产授权给兼并方经营。

(五)合并式

一个企业和另外一个企业组合或者两个到三个企业通过签订协议的方式,实现企业之间的合并,由此组成一个新的企业的方式。

二、企业并购中的涉税风险分析

一般情况下，在企业进行并购的情况下，会存在以下几个方面的税收风险。

（一）合并亏损企业的税收风险：合并企业弥补了被合并亏损企业的亏损

企业在发展过程中，有时会遇到吸收合并其他亏损企业的机会，甚至有少数企业试图采用吸收合并亏损企业的方法，达到降低税负和逃避监管的目的。其实，合并企业合并被合并亏损企业，被合并亏损企业的亏损不一定可以在合并企业得到弥补。因为根据《财政部　国家税务总局关于企业重组业务企业所得税处理若干问题的通知》（财税[2009]59号）的规定，企业合并业务区分不同条件分别适用一般性税务处理规定（简称"一般重组"）和特殊性税务处理规定（简称"特殊重组"），合并企业不得弥补或限额弥补被合并企业的亏损。即根据财税[2009]59号文的规定，适用于一般重组的吸收合并，被合并企业的亏损不得在合并企业结转弥补。适用于特殊重组的吸收合并，合并企业限额弥补被合并企业的亏损。可由合并企业弥补的被合并企业亏损的限额＝被合并企业净资产公允价值×截至合并业务发生当年年末国家发行的最长期限的国债利率。因此，限额弥补时，如果被合并企业净资产为零或负数，可由合并方弥补的亏损金额等于零。

（二）被并购企业未履行应尽的纳税义务和有关债务的风险

被合并企业应尽而未尽的纳税义务和承担的债务由合并后企业承继，增加了合并企业的税收负担和债务风险。如果以公司合并形式进行并购，根据《中华人民共和国公司法》第一百七十五条的规定，公司合并时，合并各方的债权、债务，应当由合并后存续的公司或者新设的公司承继。因此，被合并企业应尽而未尽的纳税义务和承担的债务,在合并之后,由于承继关系的存在,合并后的企业就会面临承担合并前企业纳税义务的风险。

1.并购前目标企业应尽而未尽的纳税义务直接影响并购后企业的财务状况

如果以资产收购或股权收购形式进行并购及同一、非同一控制下的控股合并,同样会产生一系列的税收问题。

第一,一家企业通过资产收购、股权收购及控股合并取得目标企业的控制权后,根据《企业会计准则第2号——长期股权投资》的规定,投资企业对被投资单位具有共同控制或重大影响的,长期股权投资应采用权益法核算。因此,目标企业的损益变化可能会在很大程度上影响并购后企业的损益。如果并购前的目标企业未履行其应尽的纳税义务,并购后再履行的话,势必会减少并购后企业的损益。

第二,并购后企业集团根据《合并会计报表暂行规定》《企业会计准则第33号——合并财务报表》的规定进行财务报表的合并,在这种情况下,并购前未尽的纳税义务甚至会影响整个企业集团的财务状况。

2.并购前目标企业应尽而未尽纳税义务,将虚增目标企业的净资产,增加收购企业的收购成本

如果目标企业存在应尽而未尽的纳税义务,该纳税义务实际上是对国家的负债,但并购前尚未在会计报表中体现。这直接导致目标企业的股东权益虚增,收购企业收购时将付出高于其实际净资产的收购对价,增加了收购成本。

3.并购前目标企业应计而未计相关涉税事项,不仅会增加收购企业的收购成本,而且会增加并购后企业的税收负担

如果目标企业存在应计未计费用、应提未提折旧、应摊未摊资产、少计未计可在以后年度弥补的亏损、少计未计未过期限的税收优惠额等情形,在企业并购时将产生两个后果:第一,目标企业存在应计未计费用、应提未提折旧、应摊未摊资产情形的,虚增了目标企业的股东权益,增加了收购企业的收购成本;第二,根据财政部、国家税务总局《关于企业重组业务企业所得税处理若干问题的通知》(财税〔2009〕59号)的规定,因符合条件不选择所得税清算而选择特殊性税务处理的企业合并,可由合并企业在限额内弥补被合并企业未过期限的亏损额。该文件还规定,在吸收合并中,合并后的存续企业性质及适用税收优惠的条件未发生改变的,可以继续享受合并前该企业剩余期限的税收优惠。因此,目标企业存在少计未计可在以后年度弥补的亏损、少计未计未过期限的税收优惠额情形的,并购后企业可能少享受因并购的资产所继承的税收权益,从另一角度来看,增加了并购后企业的税收负担。

(三)股权收购和资产收购的税收风险

1. 被收购方缴纳企业所得税的方式

在现代企业并购过程中,不同的并购方法将意味着不同的税务处理方式。《财政部 国家税务总局关于企业重组业务企业所得税处理若干问题的通知》(财税〔2009〕59号)对股权收购和资产收购的税务处理分为一般性税务处理和特殊性税务处理。一般性税务处理和特殊性税务处理的主要区别是:前者的被收购方收取收购方的股权支付形式所对应的转让所得必须缴纳企业所得税,而后者的被收购方收取收购方的股权支付形式所对应的转让所得暂免企业所得税。共同点是:被收购方收取收购方的非股权支付形式所对应的转让所得必须缴纳企业所得税。

基于财税〔2009〕59号对资产收购和股权收购的税务处理的规定,资产收购和股权收购的企业所得税的特殊性税务处理有严格的条件,可是不少被转让方或被收购方盲目追求资产收购和股权收购的企业所得税的特殊性税务处理待遇——暂免企业所得税,为了单纯节税而进行重组活动。税务机关可以依据财税[2009]59号文的规定将其资产收购和股权收购行为不符合商业目的而认定为一般性税务处理,需要被收购方缴纳转让所得的企业所得税。

2.没有向税务机关提交书面备案资料而失去免税重组的优惠

《关于企业重组业务企业所得税处理若干问题的通知》(财税[2009]59号)第十一条规定:"企业发生符合本通知规定的特殊性重组条件并选择特殊性税务处理的,当事各方应在该重组业务完成当年企业所得税年度申报时,向主管税务机关提交书面备案资料,证明其符合各类特殊性重组规定的条件。企业未按规定书面备案的,一律不得按特殊重组业务进行税务处理。"由此可见,企业若想享受到免税重组的优惠切莫忘记在完成所得税年度纳税申报时,向税务机关提交书面备案资料,如果没有向当地的税务机关提交证明其符合资产收购和股权收购特殊性重组规定条件的书面备案资料,则一律不得按特殊重组业务进行税务处理,必须按照一般性税务处理。

(四)并购重组中的增值税、营业税和契税的税收风险

在企业发生合并、股权收购和资产收购时,被合并方和被收购方的各项资产(动产和不动产)并入合并企业和收购企业时,有的需要缴纳增值税和营业税,有的不需要缴纳增值税和营业税,同时契税是否缴纳有严格的条件。在实践当中,不少企业产生以下税收风险:要么多缴了增值税、营业税和契税,要么漏了增值税、营业税和契税。

《国家税务总局关于纳税人资产重组有关增值税问题的公告》(国家税务总局公告2011年第13号)规定:"纳税人在资产重组过程中,通过合并、分立、出售、置换等方式,将全部或者部分实物资产以及与其相关联的债权、负债和劳动力一并转让给其他单位和个人,不属于增值税的征税范围,其中涉及的货物转让,不征收增值税。"

三、税收风险控制策略

（一）并购重组前应进行尽职调查

减少并购重组中的信息不对称的最佳方法就是尽可能多地了解被兼并企业的相关信息。对于兼并企业,应当事前对被兼并企业税务合规性进行详细调查,税务调查的内容主要包括以下两点。

1.税务合规状况的调查

对被兼并企业适用的相关税务规定进行清查,根据对该企业整体税负的分析,了解该企业适用的税收优惠政策以及该企业的税务管理流程,对比其流程是否符合相应的法律规定,为评估兼并后统一税务管理提供第一手资料。

2.税务健康检查

税务健康审查是在合规性调查的基础上进一步调查被兼并企业的税务履行情况,包括调查欠缴税款情况、税收优惠合法性审查,这类调查必须参考税务机关关于该企业的纳税完整报告及纳税凭证、账册、交易合同等相关的信息,分析是否存在税务隐患,如果发现应缴但未缴税款,应当从企业总资产中扣除。同时,对目标公司应计未计费用、应提未提折旧、应摊未摊资产全部补计补提,对目标企业可能存在未履行的纳税义务进行全面评估,以减少目标企业的股东权益,使净资产账面价值及公允价值符合实际情况,降低收购企业的收购成本,并有效防范并购中的涉税风险。

（二）并购重组前应聘请税收专家进行并购风险分析

通常,税务调查涉及法律、会计等多学科专业知识,为保证事前尽职调查的有效性和合法性,应当委托专业、权威的税收专家、税务律师事务所进行调查,并要求对调查结果进行风险分析,给出合并后税务管理整合的规划和设计。

(三)应注意并购重组中享受税收优惠政策的条件

一是要享受免增值税、营业税优惠政策,在发生合并、资产转让和股权转让时,必须将全部或者部分实物资产以及与其相关联的债权、负债和劳动力一并转让给收购企业和合并企业。

二是必须向当地的税务机关提交证明其符合资产收购、股权收购和合并特殊性重组规定条件的书面备案资料。

三是应满足财税[2009]59号规定的特殊重组必须具备的条件。

第七章　重点行业税收风险评估与应对

通过对重点行业税收风险进行评估与应对,有助于稳定我国的财政收入,保持经济的健康发展。

第一节　房地产行业税收风险评估与应对

房地产行业是国民经济的重要支柱产业。加强对房地产行业税收风险管理,具有重要的现实意义。房地产开发经营税收遵从风险的识别与评价是个复杂的管理系统,需要多层级的管理团队共同协作完成。

一、房地产行业税收风险评估

(一)构建反映行业税收风险特征的指标体系

构建反映行业税收风险特征的指标体系需要从风险特征库中提取关于房地产行业的税收遵从风险特征指标群,同时以房地产行业税收管理的实际情况为依据,结合税收风险评定和税务稽查案例来进行构建。

以税收风险指标体系为依据,将关键指标判别法、税收能力估算法等分析识别方法进行合理的结合,进而确定《房地产开发与经营行业税收风险评定模型》。具体指标体系见以下(二)和(三)部分相关内容。

(二)建立行业税收风险分析识别、评价模型

1.行业税收风险分析识别

对房地产行业税收风险进行识别需要以行业税收风险指标体系建构为基础,将经验法、数理统计法综合运用起来,确定房地产行业各项税收风险指标的预警参数,可通过关键风险指标分析识别法、财务指标分析识别法进行税收风险分析识别,找出行业的税收风险点。

(1)计算行业税收风险分析关键指标的预警参数可以运用统计学方面的基本计算方法,来对行业各关键税收风险指标进行计算。步骤如下:

①计算平均值。平均值即行业指标平均水平,以所得税主营业务收入税收贡献率为例,计算公式为:

$$企业平均所得税主营业务收入税收贡献率 = \frac{\sum 风险期应纳所得税额}{\sum 风险期主营营业收入} \times 100\%$$

②计算标准差。标准差体现合理行业指标的最高值与最低值。计算公式为:

$$标准差 = \frac{增值税及附加 + 企业所得税}{营业收入} \times 100\%$$

③计算离散系数。是标准差与平均值的比值。离散系数较大,说明行业税收风险指标变异较大,税收风险较高。

计算公式为:

$$离散系数 = \frac{偏离值}{测算营业收入} \times 100\%$$

④计算预警参数。预警参数范围:一是当离散系数≤0.6时,预警值下限=平均值-标准差,预警值上限=平均值+标准差。二是当离散系数>0.6时,预警值下限=平均值-0.6S,预警值上限=平均值+0.6S

(2)企业的实际指标与预警参数两者对比来看,如果正指标

与预警值下限的偏离幅度越大,则表明税收风险越高;如果逆指标的实际值与预警值上限的偏离幅度越大,则表明税收风险越高。

2.确定行业税收风险指标体系的风险权重系数

确定行业税收风险指标体系的风险权重系数需要以当地地区税源的实际情况、税收管理结构及水平等因素为依据,按照一定的程序和方式来进行相关系数的确定。见表7-1。

表7-1　房地产开发与经营行业纳税遵从风险评价模型(简略:不完全列举)

序号	指标大类	具体特征指标	(其他属性)	风险辨别、计算与值的确定	权重(%)	结果
一	企业制度建设质量				10～30	
		1.				
		2.				
		…				
二	税种指标类				30～40	
		1.				
		2.				
		…				
三	综合财务指标类				20～40	
		1.				
		2.				
		…				
…	…	…				
	合计				100	

（三）税收风险指标体系风险权重系数及风险分析方法

1.企业制度建设质量

权重值域在10%～30%,根据确定的分值再分解到各具体分项指标,对各具体指标赋予风险分值。企业制度建设质量主要包括两方面:制度建立和制度执行程度。

（1）制度建立。一是企业治理制度,通过房地产企业的《公司章程》或其他授权文件、会议记录等材料反映治理程度,同时也通过中介机构对其治理程度的评价进行了解。二是企业内部控制制度,通过企业有关手册或文件了解内部控制制度建立情况;通过中介机构对其内部控制的评价了解其执行程度;三是企业财务会计制度,通过企业财务会计有关工作手册、文件及有关会议记录等文件材料了解其建立情况。

（2）制度执行程度。通过有关程序性测试了解上述制度执行程度;参考中介机构的评价;执行《大企业税收风险管理指引》情况;其他涉税重要制度执行程度。

2.税种指标类

权重值域在30%～40%,根据确定的具体分值再分解到各分项指标,然后赋予各具体税种分项指标一定的风险分值。

（1）房产税税负变动率

①计算公式:

房产税税负率（从价）＝房产税÷房产余值×100%

房产税税负率（从租）＝房产税÷租金收入×100%

税负变动率（环比系数）＝本期税负率÷上期税负率

②数据来源:房产税——指评估当期企业实际缴纳的房产税税额,应从企业"应缴税金"中分别提取;房产余值——企业"固定资产"科目中的房产原值加上已投入使用但未及时结转固定资产的"在建工程"金额,再将法定扣除金额减去后的余额。

③风险分析：判断企业是否按法定税率足额缴纳房产税，房产税的变动是否与行业的发展趋势协调。

（2）土地使用税计税面积变动率

①风险描述：该指标适用于征收土地使用税纳税人，用于房地产开发公司出售商品房计征土地使用税时应剔除的土地使用面积，该公式低于 0 时，表示要减除已售房分摊的土地使用面积。

计算公式：

$$土地使用税计税面积变动率 = \frac{本期登记应税面积 - \sum[本期分项目登记应税面积 \times (本期已出售建筑面积 + 本期预计可售面积)] - 本期实际占用面积_{Z62}}{本期实际占用面积} \times 100\%$$

②数据来源：到企业及相关部门调查核实登记应税面积、实际占用面积、已出售建筑面积、预计可售面积。

③风险分析：当房地产开发公司土地使用税申报的计税面积变动率低于 -10% 时，表明纳税人在计征土地使用税时应剔除已售房分摊的土地使用面积，且这个数字值越小，表明扣除的土地使用面积越多。本指标适用按月进行评估。

（3）土地增值税计税收入申报差异

①风险描述：该指标适用于房地产开发企业按收入及一定预征率预征土地增值税。该指标可以反映纳税户本期实际申报土地增值税计税收入与纳税户应申报的土地增值税计税收入的差额，差异额越大，税收风险越高。

计算公式：

差异＝纳税户应申报的土地增值税计税收入－本期实际申报土地增值税计税收入纳税户应申报的土地增值税计税收入＝本期预收账款期末数－本期预收账款期初数＋本期销售收入

式中：本期预收账款期初数＝基期预收账款期末数

②数据来源：来源于企业调查及财务报表中的转让房地产收入额、预收账款、销售收入。

③风险分析：土地增值税计税收入申报差异小于 0 时，表明有风险，可能存在纳税人少申报土地增值税计税收入的问题。

（4）企业所得税税负变动率

①计算公式：

$$所得税税负变动率=\frac{本期企业所得税税负-基期企业所得税税负}{基期企业所得税税负}\times100\%$$

②数据来源：根据本期和基期企业实际缴纳的企业所得税税额，利润表中利润总额栏数据，计算本期和基期企业所得税税负。

③风险分析：企业所得税税负变动率下降，且本期所得税税负低于行业类别所得税税负预警值的下限，表明可能有税收遵从风险问题存在，如不计或少计营业收入、多列成本费用、扩大税前扣除范围等，在这种情况下应予以重点关注。然后综合运用其他相关指标深入详细评估，对企业营业收入、成本、费用的异常变化情况及原因进行深入的分析和研判。

3.综合财务指标类

权重值域在 $20\%\sim40\%$，根据确定的具体分值再分解到各分项指标，对各分项指标赋予风险分值。

（1）销售收入变动率与销售成本变动率的差异

①风险描述：本指标差异率低于 -2% 时，表示有风险的可能，且差异幅度越大，税收风险越高。

计算公式：

$$差异率=\frac{本期销售收入净额-基期销售收入净额}{基期销售收入净额}\times100\%-$$

$$\frac{本期销售成本-基期销售成本}{基期销售成本}\times100\%$$

②数据来源：销售收入净额和成本均来源于《企业所得税年度申报表》。

③风险分析：本指标差异率低于 -2% 时，表示有少计收入、多转成本等税收遵从风险问题存在的可能，也有可能是受原材料价格上涨、商品售价下调等市场经济因素影响。

（2）销售收入变动率与销售利润变动率差异率

①风险描述：本指标适用于查账征收企业所得税纳税人，其

差异率大于 2％时有风险的可能,且差异幅度越大则税收风险越高。

计算公式:

$$差异率=\frac{本期销售收入-基期销售收入}{基期销售收入}\times100\%-\frac{本期销售利润-基期销售利润}{基期销售利润}\times100\%$$

②数据来源:来源于《企业所得税年度申报表》。

③风险分析:差异率大于 2％,反映利润上涨幅度慢于销售收入上涨幅度,可能存在未配比结转成本、多结转成本费用等税收遵从风险问题。

(3)销售收入变动率与所得税变动率差异率

①风险描述:本指标适用于查账征收企业所得税的纳税人,当差异率大于 2％时表示有风险,而且差异幅度越大,税收风险越高。

计算公式:

$$差异率=\frac{本期销售收入净额-基期销售收入净额}{基期销售收入净额}\times100\%-$$

$$\frac{本期应缴所得税额-基期应缴所得税额}{基期应缴所得税额}\times100\%$$

②数据来源:来源于《企业所得税年度纳税申报表》。

③风险分析:该指标差异率大于 2％,反映企业的销售(营业)收入增长幅度比所得税增长幅度要快,这就有虚列成本费用、纳税调整不完整、应税收入与免税收入划分不准确,将应税收入挂往来或直接记入所有者权益等税收遵从风险的可能。

4.单项财务指标类

单项财务指标类权重值域在 15％~30％,根据确定的具体分值再分解到各分项指标,对各分项指标赋予风险分值。

(1)销售业务收入变动率

①风险描述:本指标小于-10％时表示有风险的可能,而且下降幅度越大,税收风险越高。

计算公式:

$$销售业务收入变动率=\frac{本期销售业务收入-基期销售业务收入}{基期销售业务收入}\times100\%$$

②风险分析:当销售收入变动率小于-10%,可能存在销售未计收入、多列收入费用、扩大税前扣除范围等税收遵从风险,注意结合国家宏观经济调控等因素综合分析。

(2)销售业务成本变动率的差异率

①风险描述:本指标差异率高于10%时,表示有风险,可能存在本期销售未计收入、多列成本费用、扩大税前扣除范围等问题,且差异率越大,税收风险越高。

计算公式:

$$销售业务成本变动率的差异率=\frac{本期销售业务成本}{本期销售业务收入}\times100\%-$$

$$\frac{基期销售业务成本}{基期销售业务收入}\times100\%$$

②数据来源:企业《利润表》。

③风险分析:差异率大于10%,反映销售业务收入与销售业务成本增减不同步,可能存在本期销售未计收入、多列成本费用、扩大税前扣除范围等税收遵从风险。

(3)管理费用变动率

①计算公式:

$$管理费用变动率=\frac{本期管理费用-基期管理费用}{基期管理费用}\times100\%$$

②数据来源:"管理费用"为利润表"管理费用"项目数据。

③风险分析:如果管理费用变动率增长幅度较大,可能存在税前多列支管理费用的税收遵从风险。

(4)财务费用变动率

①计算公式:

$$财务费用变动率=\frac{本期财务费用-基期财务费用}{基期财务费用}\times100\%$$

②数据来源:为利润表中"财务费用"项目数据。

③风险分析:如果本指标增长幅度较大,表示有税前多列支财务费用的税收遵从风险的可能。

（5）预收账款变动率

①风险描述：本指标大于 20％时，表示有风险的可能性，存在隐瞒收入的税收遵从风险的可能，且增长幅度越大，税收风险越高。

计算公式：

$$预收账款变动率 = \frac{本期期末预收账款 - 上期期末预收账款}{上期期末预收账款} \times 100\%$$

②数据来源：财务报表中的"预收账款"科目。

③风险分析：本指标大于 20％，表示有隐瞒收入的税收遵从风险；增长幅度越大，税收风险越高，结合申报收入项目进一步分析。

（6）预提费用变动率

①风险描述：计算纳税人评估期预提费用变动率，本指标大于 10％，表示有风险，而且增长幅度越大，税收风险越高。

计算公式：

$$预提费用变动率 = \frac{预提费用期末数 - 预提费用年初数}{预提费用年初数} \times 100\%$$

②数据来源：来自《资产负债表》。

③风险分析：纳税人风险期预提费用变动率大于 10％，提示风险，表示有多预提费用等税收遵从风险的可能。

（7）其他应付款变动率

①风险描述：本指标大于 10％，表示有风险，可能存在运用往来科目隐瞒收入的问题，且增长幅度越大，税收风险越高。

计算公式：

$$其他应付款变动率 = \frac{本期期末其他应付款 - 上期期末其他应付款}{上期期末其他应付款} \times 100\%$$

②数据来源：《资产负债表》。

③风险分析：其他应付款变动率大于 10％，提示风险，可能存在隐瞒收入的问题；增长幅度越大，税收风险越高，应进一步核实其他应付款的具体项目。

（8）营业外支出变动率

①风险描述：本指标大于 20％，提示风险，且变动率超过 20％的幅度越大，税收风险越高。

计算公式：

$$营业外支出变动率=\frac{本期营业外支出-基期营业外支出}{基期营业外支出}\times100\%$$

②数据来源：来源于《利润表》。

③风险分析：本指标大于 20％，表示企业可能存在应进行纳税调整的营业外支出项目或财产损失税前列支未经报批等税收遵从风险问题。

（9）资本公积变动率

①风险描述：本指标大于 0 时，提示风险，而且增长幅度越大，税收风险越高。

计算公式：

$$资本公积变动率=\frac{资本公积期末数-资本公积年初数}{资本公积年初数}\times100\%$$

②数据来源：期末资本公积、年初资本公积。

③风险分析：本指标大于 0，可能存在收到返还税费、接受捐赠、债务重组收益后未确认所得等税收遵从风险问题。

（四）税收风险等级评价与排序

1.对极端值的考量和分析

相对而言，房地产行业涉税风险较高，如果有企业对税收风险指标数据异常变化，就可以直接将其判定为高风险等级五级。异常极端变化的风险指标主要有四个方面：一是企业的评估期销售收入为零的；二是企业的评估期主营业务收入为零；三是企业"长亏不倒"；四是企业的所得税贡献率为零。

2.根据税收风险指标的实际偏离情况计算得分

计算公式为：

$$税收风险指标分值总得分 = \sum 各风险指标赋值分值 \times 偏离率$$

$$偏离率 = \frac{企业风险指标实际值 - 指标预警值}{指标预警值} \times 100\%$$

正指标预警值是预警上限值,如税负、企业所得税税收贡献率、销售毛利率;逆指标的预警值是预警下限值,如成本费用率等。

3.确定风险等级并排序

排除风险指标值异常极端变动的企业,经过个案分析后,确定为高风险等级五级,将行业剩余企业按总税收风险分值由高到低进行排序,差值 20 分划分为一个风险等级。五级风险的等级是最高风险,一级则为最低风险。企业总风险值越高,其相应的风险等级就会越高。风险等级划分见表 7-2。

表 7-2　风险等级划分

企业总风险分值	风险等级
81~100 分	五级
61~80 分	四级
41~60 分	三级
21~40 分	二级
0~20 分	一级

4.税收风险应对绩效结果反馈与改进完善

想要做好税收风险应对绩效结果反馈与改进完善需要从以下方面入手:一是建立对不同税收风险等级的分类应对处理的任务分配管理机制,二是建立对应对处理的结果实施反馈、监督、复核、考核激励机制,包括对行业风险评定模型有关结构要素的调整和完善,以促进房地产行业税收风险的管理质量和实际效果的提高。

二、行业税收风险应对与控制

(一)税收风险应对策略

房地产行业税收风险应对可以从国际惯例上借鉴相关的经验和策略。在具体应对时,可以通过案头风险分析识别、税务约谈核实、实地调查核实等策略和方法来有效地处理和应对行业税收遵从风险。

(1)经税收风险评价,对列为高风险等级的纳税人,启动税务稽查程序进行响应;也可以通过启动纳税评估流程进行重点关注,经评估核查后,对达到规定标准的个案移送税务稽查查处。

(2)经税收风险评价,对列为较高风险等级的纳税人,启动纳税评估流程,重点在税务约谈核算环节进行风险的处理和排查,确有必要进一步评估核查的继续按流程进行,对达到规定标准的个案移送税务稽查查处。

(3)经税收风险评价,对列为一般性或较低风险等级的纳税人,按照人力资源状况,选择部分纳税人进行税务约谈并进行相应的处理。

(二)案头风险分析识别应注意的问题

案头风险分析识别需要以房地产的经营特点为基本依据,对案头审核分析指标要进行细化,然后以税收风险指标的层级关系为基础,对其进行分解,对于其中的税收风险点要进行深入挖掘和分析,从而保证税务约谈和实地核查的针对性以及实效性。具体来看,包括以下方面内容。

1.第一层级指标

第一层级指标主要包括税法、贡献率指标、毛利率指标、主营业务收入等,在进行风险识别时要结合房地产开发企业的成本、费用等指标。

2.第二层级指标

第二层级指标主要是对房地产开发经营的成本、费用进行分解，其具体分析内容为主要成本项目，如土地成本、建安成本占主营业务成本的比率。

3.第三层级指标

对单项成本的比率、期间费用进一步分解，分析这些指标对三级指标的影响。

第二节 餐饮行业税收风险评估与应对

一、餐饮行业税收风险评估

这里以中式正餐为例，主要以餐饮行业所得税税收风险分析识别和风险评价为主，介绍模型的构建与应用方法。

(一)构建行业关键税收风险指标体系

1.企业所得税主营业务收入税收贡献率

所得税税收贡献率是指所得税应纳税额与主营业务收入的比率，通过本指标可以对行业、企业通过主营业务收入间接实现所得税税收的贡献水平有一个直观的了解。

(1)计算公式

$$企业所得税主营业务收入税收贡献率=\frac{风险期应纳所得税额}{风险期主营营业收入}\times100\%$$

(2)数据来源。评估期应纳所得税额取自所得税年度纳税申报表主表第 33 栏次"实际应纳所得税额";评估期营业收入取自所得税年度纳税申报表附表一(1)第 3 栏次"主营业务收入"。

2. 销售毛利率

销售毛利率是主营业务利润与主营业务收入的比率,该指标的主要作用是对企业通过销售获取利润的能力进行评价。

(1)计算公式

$$销售毛利率=\frac{风险期主营业务收入-风险期主营业务成本}{风险期主营业务成本}\times100\%$$

(2)数据来源。评估期主营业务收入取自所得税年度纳税申报表附表一(1)第 3 栏次"主营业务收入";评估期主营业务成本取自所得税年度纳税申报表附表二(1)第 2 栏次"主营业务成本"。

3. 主营业务收入费用率

主营业务收入费用率是三项期间费用与主营业务收入的比率,通过分析该指标可以对行业、企业为实现主营业务收入而发生的费用水平有一个直观的了解。

(1)计算公式:

$$营业收入费用率=\frac{风险期销售费用+风险期管理费用+风险期财务费用}{风险期主营业务收入}\times100\%$$

(2)数据来源。评估期销售费用取自所得税年度纳税申报表主表第 4 栏次"销售费用";评估期管理费用取自所得税年度纳税申报表主表第 5 栏次"管理费用";评估期财务费用取自所得税年度纳税申报表主表第 6 栏次"财务费用";评估期主营业务收入取自所得税年度纳税申报表附表一(1)第 3 栏次"主营业务收入"。

(二)计算行业税收风险分析关键指标的预警参数

计算行业税收风险分析关键指标的预警参数主要是运用统计学的基本计算方法,通过计算行业各税收风险指标销售毛利率、企业所得税主营业务收入贡献率的平均值、标准差、离散系数来进行相关的测算和设置。计算步骤如下。

1.计算平均值

平均值即行业指标平均水平,以所得税主营业务收入税收贡献率为例,计算公式:

$$企业平均所得税主营业务收入税收贡献率 = \frac{\sum 风险期应纳所得税额}{\sum 风险期主营营业收入} \times 100\%$$

2.计算标准差

标准差体现合理行业指标的最高值与最低值。
计算公式为:

$$S = \sqrt{\frac{\sum (X_i - \overline{x})^2}{n-1}}$$

3.计算离散系数

计算离散系数是标准差与平均值的比值。离散系数较大则表明本行业的税收风险指标变异较大,相应地来看其税收风险较高。

计算公式为:
离散系数 δ = 标准差/平均税负

4.计算预警参数

预警参数范围。一是当离散系数≤0.6时,预警值下限=平均值-标准差,预警值上限=平均值+标准差。二是当离散系数>0.6时,预警值下限=平均值-0.6S,预警值上限=平均值+0.6S

(三)税收风险评价与风险等级排序方法

1.对极端值的考量和分析

餐饮行业涉税风险较高,如果有企业对税收风险指标数据异常变化,就可以直接将其判定为高风险等级五级。异常极端变化的风险指标主要有四个方面：一是企业的评估期销售收入为零；二是企业的评估期主营业务收入为零；三是企业"长亏不倒"；四是企业的所得税贡献率为零。

2.确定关键指标风险权重及风险分值赋值（见表 7-3）

表 7-3　关键指标风险及权重

指标项目	风险权重及分值
所得税贡献率	50
毛利率	30
收入费用率	20
总风险分值	100 分

3.根据纳税人风险指标的实际偏离情况计算得分

计算公式为：

税收风险指标分值总得分 $= \sum$ 各风险指标赋值分值 $\times$ 偏离率

$$偏离率 = \frac{企业风险指标实际值 - 指标预警值}{指标预警值} \times 100\%$$

正指标预警值是预警上限值，如企业所得税主营业务收入税收贡献率、销售毛利率；逆指标的预警值是预警下限值，如营业收入费用率。

4.确定风险等级并排序

排除风险指标值异常极端变动的企业，经过个案分析后，确定为高风险等级五级，将行业剩余企业按总税收风险分值由高到低进行排序，差值 20 分划分为一个风险等级。五级风险的等级是最高风险，一级则为最低风险。企业总风险值越高，其相应的风险等级就会越高。风险等级划分见表 7-4。

表 7-4　风险等级划分与排序表

企业总风险分值	风险等级
81～100 分	五级
61～80 分	四级
41～60 分	三级
21～40 分	二级
0～20 分	一级

（四）标杆企业税收风险指标参数运用的思路与方法

为了更科学地对税收风险进行分析识别，风险指向更准确有效更具实用性，可分类选取具有一定经营规模的同类型、纳税遵从较高的企业作为样本企业，建立标杆企业税收风险指标的标准数据体系，结合上述预警参数，进而准确分析识别企业税收风险点，深入开展税收风险等级较高的企业的税收风险控制和排查。餐饮业标杆企业税收风险指标参数见表 7-5。

表 7-5　标杆企业税收风险指标参数

序号	指标名称	指标值	指标含义和计算公式
1	所得税贡献率	3.5%	每百元主营业务收入缴纳的企业所得税额度 所得税贡献率＝应纳所得税额/主营业务收入×100%
2	毛利率（主营业务利润率）	70%	每百元主营业务收入获取的利润额 毛利率（主营业务利润率）＝（主营业务收入－主营业务成本）/主营业务收入×100%
	主营业务收入成本率	28%	每百元主营业务收入支付的成本额 主营业务成本率＝主营业务成本/主营业务收入×100%

续表

序号	指标名称	指标值	指标含义和计算公式
3	主营业务收入费用率	52％	每百元主营业务收入支付的费用额 主营业务费用率＝（管理费用＋财务费用＋销售费用）/主营业务收入×100％
4	销售利润率	11％	每百元营业收入获取的利润额 销售利润率＝利润总额/营业收入×100％
5	存货周转率	542％	每百元存货的周转次数 存货周转率＝主营业务成本/［（期初存货成本＋期末存货成本）/2］×100％
6	用票率	82％	每百元主营业务收入的开具发票额 用票率＝发票开具金额/主营业务收入×100％
7	经营规模比率	13110％	每平方米用餐区面积所产生的主营业务收入 经营面积产出比率（元）＝主营业务收入/用餐区面积（米^2）
		2350％	每天每桌的主营业务收入额 日均每桌消费额（元）＝主营业务收入/餐桌（张）/365天
8	耗用工资率	18％	每百元主营业务收入所支付的工资额 耗用工资率＝工资总额/主营业务收入×100％
9	耗用燃料比率	2％	每百元主营业务收入所耗用的水电费 水电费耗用率＝水电费/主营业务收入×100％
		1.9％	每百元主营业务收入所耗用的煤气费 煤气费耗用率＝煤气费/主营业务收入×100％

说明：上述标杆企业的参数不是固定和不变的，不同地区、不同时间阶段上述标杆企业的参数是有所不同的，应根据地区的标杆企业参数确定；同时，应根据宏观经济形势、地区收入及有关因素变量对标杆企业的参数定期维护和优化调整。

二、行业税收风险应对与控制方法

(一)分级设置、分析案头审核风险分析指标

根据餐饮业经营特点,建立以经营收入、经营成本和费用为主的四个层级指标。

1.第一层级指标

以贡献率指标、毛利率指标、主营业务收入为一级指标,同时结合主营业务成本、管理费用、财务费用、销售费用各自所占构成比例等指标,对企业的情况进行进一步分析识别和描述。

2.第二层级指标

对主营业务成本、营业费用和管理费用进行分解,具体分析主要项目占主营业务成本、营业费用和管理费用的比例,以进一步分析成本费用的具体构成,以及这些指标对一级指标的影响。主要包括原材料成本占主营业务成本的比例,库存商品占主营业务成本的比例,燃料成本占营业费用的比例;低值易耗品占营业费用的比例,物料用品占营业费用的比例,水电耗用及工资占营业费用或管理费用的比例等。

3.第三层级指标

对原材料和库存商品总额进行分解,详细分析原材料和库存商品的构成,主要包括主料占原材料成本的比例,辅料占原材料成本的比例,库存商品大类占商品总额的比例,分析这些指标对二级指标的影响。

4.第四层级指标

对主料进行第四层分解,具体分析粮、菜、肉、禽、鲜活食料占

主料的比例,以及酒类品种占库存商品大类的比例,分析这些指标对三级指标的影响。

(二)税收风险应对、控制应注意的问题

1.税务约谈

约谈的内容不仅包含案头审核分析的风险点,还应结合对企业的基本情况、经营模式等方面的信息进行综合采集、分析,特别应了解顾客到店消费、上菜菜单、柜台收银至每日核算销售额各经营环节的详细过程。在此基础上,结合进一步案头审核分析的风险点,形成约谈提纲,实施针对性税务约谈。

2.实地核查

实地核查是纳税评估中的重要环节之一。对于约谈工作中不能排查解除的风险点,应深入开展实地核查。实地核查的范围包括:企业的财务核算资料,还包括开台率、点菜系统、毛水单、采购合同、菜品价目表、大宗费用合同等,以此进一步佐证企业财务核算的合理性及税务机关对涉税风险点的分析判断。具体包括的内容如下。

(1)核查开台率:通过实地核查企业早市、午市、晚市的开台率,结合企业当日销售额情况估算本期收入规模,并与风险期申报收入规模进行比对,测算产生的差异及具体原因。

(2)核查点菜系统和毛水单:通过调取企业点菜系统一定时期内的日销售额,测算评估期收入规模;通过调取企业近期毛水单据,排查是否出现严重断号情况,并以断号数量测算风险期少计收入的具体数额。

3.核查当日结账单据

调取每日收银员与会计结账单据,如《收银日报表》《收入交接凭证》等,排查企业"免单收入""挂账收入""旅行社等团餐收

入"的行为是否计收入并开具发票。

4.核查采购合同

调取企业采购合同和一定时期内的购料单据,验证原材料和库存商品的价格水平。

5.核查菜品价目表

调取企业菜品价目表,了解成品销售价格水平。

6.核查费用类合同

调取企业房屋租赁、装修改造、社保等大宗费用合同和发票,验证费用确认的准确性。

7.核查银行余额信息

调取企业所有银行账号及资金往来情况,对照银行余额调节表,追踪已达账项未入账的实际收入情况。

(三)评估结果处理

1.营业收入方面

由于部分纳税人纳税意识淡薄,加之该行业现金交易量较大等特点,普遍存在现金收入不入账或直接坐支等问题,且此类问题在实际审核工作中难以取证。因此,在评估风险应对实际工作中宜通过实地核查发现其具体问题,如免单消费、毛水单断号、库存商品直接计费用或冲销往来账款等,辅之开台率、点菜系统实地验证情况,利用调整后的毛利率及标杆企业的参考值推算收入规模,并推动和指导企业开展自查。

2.材料成本方面

中式正餐的菜系、菜品、主食名目繁多,餐饮行业企业在结转主营业务成本过程中基本上采用期末库存倒挤成本的方法,容易导致结转主营业务成本不真实准确,个别企业出于少计收入或多列成本的目的,人为调节结转收入或成本数量,造成按照每一菜品核实其原材料耗用品种、数量、价格难以准确查证。因此,在对成本审核过程中,无法从正面取得突破。但对餐饮业毛利率进行分析过程中,出于企业投资者优先收回投资的考虑,我们可以先行假设企业不存在少计成本问题,并利用以前年度收入和成本水平及二者变动率,合理估计风险期较以前年度物价上涨水平,测算风险期是否有严重成本虚列问题,并指导企业开展自查,在先行固化成本规模基础上,利用调整后的毛利率,结合物价指数推算收入和成本水平。

3.费用方面

餐饮企业费用种类较少,大额费用支出取证比较容易,因此可直接使用检查的方法进行验证,确定其真实水平。

第三节　煤炭开采和洗选业的税收风险评估与应对

一、行业税收风险识别评价与应对模型

(一)关键指标税收风险分析监控模型

1.意义

这里用增值税税负关键指标进行税收风险分析识别。对于煤炭生产行业而言指的是增值税应纳税额与应税销售收入的比率,通过对增值税税收负担率进行计算,可以对企业实现税收的能力和负担水平有一个直观的了解和分析。煤炭采选行业内全部企业的增值税应纳税总额与销售收入总额之比,即是行业增值

税税负。

通过企业增值税税负与行业增值税税负的对比,对税负异常偏低的企业进行分析识别和预警监控,进一步围绕关联指标开展深入分析,可以发现企业的税收风险点及有关涉税漏洞。

2.建立模型步骤

(1)计算增值税税负
计算公式:

增值税平均税负率＝评估期增值税累计应纳税额÷评估期累计应税销售额×100％纳税人个体增值税税收负担率＝应纳增值税税额÷应税销售收入×100％

(2)确定预警范围

预警参数区间为 8％～13％,不是固定不变,随着征管质效和纳税人的税收遵从度的提高,会逐步接近法定平均税负。

(3)计算个体增值税税负偏离率

$$个体增值税税负偏离率＝\frac{企业增值税税收负担率－增值税税负预警下限}{增值税税负预警下限}×100％$$

(4)税收风险分析识别和评价

偏离率越高,纳税人的风险分值得分越高,税收风险等级越高,应予以重点预警关注,进一步评估或稽查。

在增值税税收负担率的基础上,对吨煤税负再进行相关的计算,也就是吨煤实际缴纳的增值税。预警值参考范围在 30～65 元/吨,吨煤税负的计算公式为:

吨煤税负＝评估期缴纳增值税÷评估期煤炭销量

通过上述指标计算出的数值如果比预警参考下限低,就表明企业在隐瞒收入、虚列成本费用、少缴税款的涉税风险方面有问题存在的可能,应结合其他风险指标及方法来对其进行深入的审核分析。

煤炭采选行业峰值主要有:税负率峰值 9.04％,毛利率 53.25％,成本费用利润率 69.22％。各地应根据征管质效的提高,定期维护和调整。

(二)销售价格税收风险分析监控及应对管理模型

1.意义

销售价格监控模型是税务机关依据纳税人风险期申报的销售数量,结合税务人员采集的市场销售均价,测算出风险期纳税人的销售收入,并与其申报销售收入对比、分析的一种税收风险监控分析模型。

2.建立模型步骤

(1)销售收入测算

测算销售收入 = 风险期销售数量 × 风险期市场平均销售单价

(2)税收差异比对分析

测算税收差异 =(测算销售收入 − 申报销售收入)× 适用税率(或征收率)

(3)税收风险分析识别和评价

一是将风险期测算的销售收入与纳税人申报的销售收入进行比对,如测算收入大于申报收入,则可能存在涉税风险问题。

二是将测算的税收收入与纳税人申报的应纳税额进行对比分析,税收差异越大,风险得分越高,税收风险等级越高。

(4)风险关键值

这里的风险关键指标是风险期市场平均销售价格。结合纳税人所产原煤质的含硫量、发热量、灰分、水分等指标,根据风险期市场行情所采集的价格,计算平均价格予以确定。

(5)风险信息数据来源

①纳税申报表、产销存等信息附报资料中获取的煤炭销量信息。

②税务机关通过网络、购货方等途径定期或不定期采集市场价格信息。

③市、县煤炭工业管理局和技术监督局提供的煤炭企业相关指标信息。

④本地区煤炭协会提供的同煤质企业的同期销售价格信息。

3.风险模型的应用及税收风险应对

将风险期测算的销售收入与纳税人申报的销售收入进行比对,如测算收入大于申报收入,则可能存在下列涉税风险问题。

(1)为了完成政府下达的电煤指标,通过外购低质量原煤(无外购煤增值税专用发票)充抵电煤任务,导致销售价格偏低。

(2)在销售原煤过程中,因部分购货人属于不定期经营业户,双方为了获取利益,逃避税法,以压低销售企业的实际销售价格,少开发票金额的方式进行交易。

(3)由于生产的原煤质量较好,销售价格远高于当期市场平均销售价格,为逃避税收,利用增值税与营业税的税负差异,将本应属煤炭价格的部分通过开具运输发票的形式进行结算,降低原煤销售价格。

(4)将生产过程中伴生的煤矸石,通过粉碎后与煤炭掺和一起销售,有意混淆原煤与煤矸石的数量,达到既可以隐瞒原煤实际销售数量,又可以调低销售价格少计销售收入的目的。

(5)本分析方法的重点是税务机关能否定期或不定期地准确采集煤炭销售价格信息。税务机关要全面了解煤炭企业的销售渠道及生产经营过程中有可能影响价格变化的因素。

(三)设计或核定生产能力税收风险分析监控及应对管理模型

1.意义

设计或核定生产能力风险监控是指税务机关根据煤炭企业设计或核定生产能力,测算出煤炭企业在一定风险期间的销售收入,与纳税人该期间的申报销售收入进行对比、分析的一种风险监控分析方法。

2. 建立模型步骤

(1) 销售量测算

测算风险期销售量＝年设计或核定生产能力÷12 月×风险期区间(月)＋风险期初库存量－风险期末的库存量

(2) 销售收入测算

测算风险期销售收入＝风险期原煤测算销售量×销售价格＋风险期煤矸石销售收入＋风险期外购原煤和煤矸石销售收入

(3) 应纳增值税测算

测算风险期应纳增值税＝风险期测算计税销售收入×适用税率－风险期应抵扣的进项税额－上期留抵税额

(4) 税收差异比对分析

测算税收差异＝风险期测算应纳增值税－风险期申报增值税

(5) 税收风险分析识别和评价

一是将风险期测算的销售收入与纳税人申报的销售收入进行比对,如测算收入大于申报收入,则可能存在涉税风险问题。二是将测算的增值税税收收入与纳税人申报的应纳增值税税额进行对比分析,税收差异越大,风险得分越高,税收风险等级越高。

(6) 风险关键值

这里的风险关键值是从煤炭管理局等相关部门采集的煤炭生产企业年设计或核定生产能力。

(7) 风险数据来源

① 纳税申报表、产销存等信息附报资料获取自产煤炭及煤矸石和外购煤炭及煤矸石的销量信息。

② 从煤炭管理局等相关部门采集煤炭生产企业设计或核定生产能力信息。

③ 从政府、安监局等部门采集煤炭企业超能力生产的通报或处罚信息。

3. 风险模型的应用及税收风险应对

(1) 进一步审核分析判断,风险期测算煤炭产量与企业账载产量进行比对,如测算产量大于账载产量,企业可能存在生产的原煤记账不实或隐瞒销售收入等问题,应采取进一步税务约谈询问核实或实地调查核实等方法进行风险应对处理。

(2)本方法关键在于采集煤炭生产企业设计生产能力信息,并通过日常管理,掌握煤炭企业是否存在超能力生产的情况。

(3)本方法测算的煤炭产量可与其他风险方法测算出的产量进行综合比对运用。

(四)煤炭监控系统税收风险监控管理模型

1.意义

煤炭监控系统是指税务机关利用煤炭监控系统在一定风险期间反映的产量,测算出煤炭企业在该期间的销售收入,再与纳税人申报销售收入进行比对、分析的一种风险分析监控方法。

煤炭监控系统的原理如下:监控系统主要由三部分组成,一是安装在矿井口铁轨上的重量传感器或视频监控器,二是信息处理系统,三是公网 IP 服务器接收端。这三部分对信息进行传输,在 Internet 平台上交换数据。重量传感器或视频监控器把煤矿的重量信息或卸车的矿车数通过图像采用有线或无线传输的方式实时传输到税务局服务器上,来实时全面监控煤矿产量。通过对企业产量的监控,辅助其他一些后台程序,将网络传输数据处理为煤炭重量和煤矸石重量。

2.建立模型步骤

(1)销售量测算

测算风险期煤炭销量＝风险期监控系统监控煤炭重量＋风险期初库存量－煤炭中含有的灰分、水分的重量－风险期末的库存量

注明:煤炭中含有的灰分、水分的重量是按照监控系统的煤炭重量扣除一定的比例,不同的煤炭企业的扣除比例有所相同。

（2）销售收入测算

测算风险期销售收入＝风险期测算原煤销量×销售价格＋风险期煤矸石销售收入＋风险期外购原煤和煤矸石销售收入

（3）应纳增值税测算

测算风险期应纳增值税＝风险期测算计税销售收入×适用税率－风险期应抵扣的进项税额－上期留抵税额

（4）税收差异比对分析

测算税收差异＝风险期测算应纳增值税－风险期实际申报增值税

（5）税收风险分析识别和评价

一是将风险期测算的销售收入与纳税人申报的销售收入进行比对，如测算收入大于申报收入，则可能存在涉税风险问题。二是将测算的应纳增值税税收收入与纳税人申报的应纳增值税税额进行对比分析，税收差异越大，风险得分越高，税收风险等级越高。

（6）风险关键值

是从煤炭监控系统获取的监控信息数据。

（7）风险数据来源

①纳税申报资料、财务会计报表以及税务机关要求纳税人提供的其他相关资料。

②煤炭监控系统的监控数据。

③购货方化验部门的抽样验质单和财务部门的结算单上注明的煤质数值。

3. 风险模型的应用及税收风险应对

（1）进一步审核分析判断，风险期监控测算煤炭产量与企业账载产量进行比对，如测算产量大于账载产量，企业可能存在生产的原煤记账不实或隐瞒销售收入等问题，应采取进一步税务约谈询问核实或实地调查核实等方法进行风险应对处理。

（2）采用本方法关键在于监控数据是否准确，定期检测，防范被调整和破坏。

（3）本方法测算的煤炭产量可与其他风险方法测算出的产量进行综合比对运用。

（五）电控税税收风险分析监控模型

1.意义

电控税税收风险分析监控是税务机关根据企业在一定风险期间吨煤耗电，进而测算出企业在该期间的生产数量、销售数量和销售额的一种风险分析监控方法。

2.建立模型步骤

（1）测算风险期原煤产量

测算风险期原煤产量＝风险期所耗用的电数÷吨煤耗电数

（2）测算风险期原煤销量

测算风险期原煤销量＝风险期原煤期初库存＋风险期测算原煤产量－风险期原煤期末库存

（3）测算风险期原煤销售收入

测算风险期原煤销售收入＝风险期测算原煤销量×风险期销售单价

（4）税收风险分析识别和评价

一是将风险期测算的销售收入与纳税人申报的销售收入进行比对，如测算收入大于申报收入，则可能存在涉税风险问题。二是将测算的应纳税收收入与纳税人申报的应纳增值税税额进行对比分析，税收差异越大，风险得分越高，税收风险等级越高。

（5）风险关键值

这里的风险关键值是吨煤耗电量情况。

根据公式：吨耗电量＝评估期吨耗电量÷产量，预警参数范围5～9度，该指标正常。不同地区、不同生产效率该预警参数范围有所不同，应结合当地实际情况加以测算和调整确定。

（6）风险数据来源

①纳税申报资料、财务会计报表以及税务机关要求纳税人提供的其他相关资料。

②供电部门采集的用电信息数据。

3.风险模型的应用及税收风险应对

（1）进一步审核分析判断，风险期监控测算煤炭产量与企业账载产量进行比对，如测算产量大于账载产量，企业可能存在生产的原煤记账不实或隐瞒销售收入等问题，应采取进一步税务约谈询问核实或实地调查核实等方法进行风险应对处理。

（2）采用本方法关键在于供电部门的配合及真实用电信息的进一步审核分析。

（3）本方法测算的煤炭产量可与其他风险方法测算出的产量进行综合比对运用。

（六）工资成本监控风险管理模型

1.意义

工资成本监控是税务机关在煤炭企业单位产量工资定额确定的前提下，以采煤班组生产工人的计件工资总额为计算依据，对风险期纳税人的产量进行分析和测算，并将得出的数值与其相对应的核算期的相关信息作对比和分析的一种风险监控方法。

2.建立模型步骤与方法

（1）煤炭产量测算

测算煤炭产量＝风险期生产人员工资总额或某$\dfrac{\text{主要生产环节工资总额}}{\text{单位产品工资定额}}$

（2）税收差异比对分析

测算煤炭销售数量＝期初库存数量＋测算煤炭产量－期末库存数量

测算销售收入＝煤炭销售数量×销售单价

测算税收差异比对＝（测算销售收入－申报销售收入）×适用税率（征收率）

（3）税收风险分析识别和评价

一是将风险期测算的销售收入与纳税人申报的销售收入进行比对，如测算收入大于申报收入，则可能存在涉税风险问题。二是将测算的应纳税额与纳税人申报的应纳税额进行对比分析，税收差异越大，风险得分越高，税收风险等级越高。

（4）风险关键值

这里的风险关键值是吨煤工资参数，根据不同的煤层厚度，其参数范围有所不同，见表7-6。

表7-6　风险关键值示例

煤层厚度（厘米）	吨煤工资（元）
20～50	60～80
50～70	40～60
70 以上	20～40

注：由于各地实际情况差异较大，企业计入工资的范围差异也较大，各地要结合本地实际情况，对吨煤工资进行测算和调整确定。

（5）风险数据来源

①企业财务账列原煤产量。

②企业产煤登记簿、生产工人工资表、下井人员登记表、原煤产销存月报表。

③风险人员现场测算、询问有关人员。

④煤炭局和煤炭协会同行业标准数据。

3.风险模型的应用及税收风险应对

（1）以查阅企业核算数据、风险管理人员实地调查等方式，对于纳税人发放生产工人计件工资总额和生产单位产量计件工资标准来进行确定，以此为基础测算出风险期产量，再将风险期产量与企业账载产量进行比较，找出两者的区别。

（2）如果生产工人吨煤工资比参考值范围要大，说明纳税人存在少计产量,隐瞒销售收入的涉税风险问题的可能。

（3）如果生产工人吨煤工资比参考值范围小,说明纳税人存在财务核算不真实,有账外经营等涉税风险问题的可能。

（4）在运用本方法的时候,要注意对纳税人在一定时期内生产单位产量计件工资定额标准的变动情况进行关注,同时也要对煤质情况及采煤作业实际情况加以关注。

（5）在运用本方法的时候,要以当地同类、同规模企业的生产单位产量计件工资标准为参考标准,同时要正确划分生产人员工资和管理人员工资,实施分类管理。

(七)火工品耗用监控风险管理模型

1. 意义

是税务机关在企业单位产量所耗用的火工品基本稳定的前提下,以其在一定风险期内所耗用的火工品为依据对该时期内纳税人的煤炭产量进行分析和测算,并将得出的数值与其核算信息两者做出对比分析。

2. 建立模型步骤与方法

（1）煤炭产量测算

测算煤炭产量＝风险期所耗用的火工品总量÷单位产量耗用火工品定额

（2）税收差异比对分析

测算煤炭销售数量＝期初库存数量＋测算煤炭产量－期末库存数量

测算销售收入＝测算煤炭销售数量×销售单价

税收差异比对＝（测算销售收入－申报销售收入）×适用税率（征收率）

（3）税收风险分析识别和评价

一是将风险期测算的销售收入与纳税人申报的销售收入进

行比对,如测算收入大于申报收入,则可能存在涉税风险问题。二是将测算的应纳税收收入与纳税人申报的应纳税额进行对比分析,税收差异越大,风险得分越高,税收风险等级越高。

（4）风险关键值

生产单位产量耗用火工品定额:0.3～0.5千克/吨

掘井耗用火工品定额:1～3千克/米

由于各地地域、地质及劳动生产率差异较大,各地要结合本地实际情况,对火工品定额参数进行测算和确定。

（5）风险数据来源

①从民用爆破经营部门获取火工品的购买信息。

②企业对火工品管理的内控指标。

③风险人员现场询问有关人员。

④煤炭局和煤炭协会同行业标准定额参数等。

3.风险模型的应用

（1）以查阅企业核算数据、风险管理人员实地调查及外围调查等方式,对于纳税人单位产量耗用火工品定额做出了解,以此为基础测算出风险期产量,再将风险期产量与企业账载产量进行核对比较,找出两者之间存在的差别。

（2）如果吨煤火工品耗用量比在参考值范围,那么就说明纳税人存在少计产量、隐瞒销售收入税收风险问题的可能,应进一步采取税务约谈询问及实地调查核实等方式。

（3）在运用本方法的时候,要注意对企业耗用火工品定额标准的变动情况进行关注和掌握,同时也要对企业生产场地的地质状况和所产煤质情况进行关注,然后以此为基础进行综合调整和优化。

（4）在运用本方法的时候,要以当地同规模企业火工品耗用标准为参考,同时对掘井和生产用火工品耗用量做出正确的划分。

二、行业税收风险应对与控制方法

（一）案头审核分析要点

煤炭开采业的案头审核分析主要是以耗定产的方式，选择主要的几个指标（主要包括生产人员工资、火工品、电量、支护产品）对企业实际产量进行测算，进而对企业的销售收入做出推测和计算。如果推算的销售收入比企业的申报收入大且差异较大，这就表明有异常情况，此时应结合企业资产负债表中"产成品"、往来科目、货币资金等相关方面的变化情况，来确定是否有将收入计入往来账等隐瞒收入问题的可能发生；还要对"在建工程"、"固定资产"、"应付福利费"等栏变化情况进行分析，注意是否扩大抵扣范围；对《增值税纳税申报表》附表（二）变化情况做出审核，判断是否存在虚开农产品收购发票问题。

（二）税务约谈询问要点

在对本行业企业进行税务约谈询问时要注意以下几个要点：一是以测算产量为依据对企业实际产量差异的原因进行相关方面的询问，询问企业评估期工作方面的有关情况，判断当月采煤环境；二是询问企业近几年的产量，进而推测出企业的大致产量；三是询问企业生产人员工资、火工品、电量、坑木等指标情况，并将其与本地区平均指标做比较，找出差异的原因，由企业做出相关情况的说明，由税务机关来分辨真实情况。在进行问询时企业需要提供相应的证明。

（三）实地调查核实的主要内容及方法

在进行实地调查核实的时候多用的方法是突击检查方式。主要进行突击检查的部门有以下方面：一是磅房，目的是为了搜集过磅的原始记录；二是门卫处，目的是为了搜集出门证明相关记录;三是供应部门,目的是为了搜集木料收购相关记录;四是销售部门,目的是为了搜集销售合同等原始记录;五是财务部门,目的是为了搜集账务核算的原始记录。为了增强推测数据的有效性,可以同时对供电部门、矿产资源局、地税局、煤监局等部门进行信息外调,得到电费、资源补偿费、资源税、矿管费、瓦斯治理费、井巷工程基金、育林费等外部数据;在进行核查时也要结合通用指标进行深入分析。

第四节　其他行业的税收风险评估与应对

一、物流行业税收风险分析与识别

(一)行业概述

1.行业基本情况

物流业尚属年轻的行业,我国直至 20 世纪 90 年代才开始使用"物流"这一概念。但随着近年来经济的飞速发展和人民生活水平的稳步提升,物流业也以令人难以预计的速度迅速发展,给人们的生产和生活带来诸多便利。

根据相关部门对物流下的定义可知,物流是指物品从供应地到接收地的实体流动过程,这一过程自成体系,在现代信息技术的帮助下,包括存储、装卸、搬运、包装、配送等一系列环节。虽然在现实国家行业分类标准中并没有"物流"这一行业,但在全球化和市场化进程的推动下,物流业如一颗冉冉升起的新星,日益成为我国经济发展过程中的重要行业。

物流业属于交通运输行业的一部分,因此在我国税收工作实践中,税务机关按照交通运输业的相关税收政策对物流行业进行税收管理。

2.行业经营方式与流程

物流行业的经营方式大致可分为三种,分别为自运、联运和分包,具体内容如表 7-7 所示。

表 7-7　物流行业的经营方式

经营模式	具体内容	盈利状况
自运	使用自有运输车辆或其他交通工具完成物流运输业务	利润率较高,为 15％左右
联运	两个以上物流企业共同完成货物从发送地点至到达地点的运输业务	利润率较低,为 4％左右
分包	将承接的运输业务部分或全部交由另一物流企业负责	利润率极低

物流行业的业务流程如图 7-1 所示。

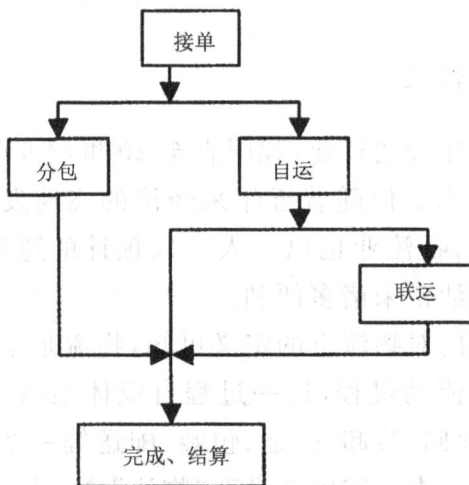

图 7-1　物流业务流程图

3.行业经营与税收征管特点

（1）物流注册门槛低

根据国家的相关法律、法规，个体工商户在申请注册工商登记时并不需要具有一定额度的注册资金，这就使物流经营户、快递经营户只需依正常程序向道路运输管理部门、邮政部门申报即可，无其他限制性规定。

（2）经营主体鱼龙混杂

由于这一行业在进行工商注册时并不需要有足够的行业经验和经营能力，且无须注册资金，行业的经营主体呈现多样化特征，既有实力相对薄弱的个体户、集体企业，也有实力雄厚的国营、外资企业。在经营过程中经营主体会接触大量金额的货物，一旦发生货物毁损或其他意外损失，个体户一般无力承担，这就导致了物流行业经营混乱，鱼龙混杂。

（3）经营模式多样化

物流行业的经营模式多种多样，按照不同标准可分为不同的形式，具体如表7-8所示。

表7-8 物流行业的经营模式分类

分类标准	具体内容
运输形式	散货运输、集装箱运输、罐装运输、冷藏运输等
经营形式	自运、联运、分包等
组织形式	定线运输、定客运输、联网联运等

（4）税收征管难度大

由于行业进入门槛低，经营者鱼龙混杂，物流业内存在不同程度的超载、联运、混业经营等现象，有些经营者由于对税收制度认识不足或为了眼前利益不惜以身犯险，出现隐瞒、少计营业收入等涉税风险表现。此外，由于费用支出零碎、繁杂，调查核实仍然存在一定的困难，税收征管难度较大。

(二)行业税收遵从风险表现

1.混淆计税依据、降低实际税负

由于物流行业经营方式多种多样,少数企业主为了实现自身的利益最大化便利用这一特征混淆计税依据,将代理、仓储等服务业与一般运输业混合在一起进行申报,致使实际税负有所降低。此外,由于物流行业的账目繁杂,核对难度大,部分企业便将应税收入转移至"应付账款"或"其他应付款",用往来账款隐匿实际收入,致使税收大量流失。

2.虚增人工费用,少缴企业所得税

为了少缴纳税款或者逃避缴纳税款,各种违法乱纪的行为层出不穷。由于工资费用率与实际利润率成反比,部分企业便虚列人工费用,甚至做出账面亏损的表面文章企图蒙混过关。

3.代开、虚开发票,发票管理秩序混乱

企业是否具有自开票资格需要经过税务机关认定,为了不接受税务机关的审查,很多小规模、个体运输户便选择"挂靠"方式开展经营活动。这种"挂靠"以具备自开票资格的企业为依托,但关系十分松散和不规范。自开票企业往往秉持着"拿人钱财,替人消灾"的错误准则,并不对代开发票企业进行核实和监督。此外,经济活动中虚开发票现象也较为严重。这一系列行为致使整个行业发票管理秩序陷入混乱之中。

4.现金交易结算,计税收入不足

物流行业业务较为分散,涉及车辆使用费、油费、差旅费等诸多费用,这些费用通常以现金的形式支付且不开具发票、不申报、无资金流向说明,加之较多真伪难辨甚至不合法的凭证的出现,计税收入不足状况严重。

(三)行业税收风险分析识别方法

1.关键指标分析识别法

(1)计算综合总体税负,计算公式为:

$$总体税负 = \frac{增值税及附加 + 企业所得税}{营业收入} \times 100\%$$

(2)根据调查研究显示,物流行业税负的预警参考值为 4.5%～5.5%。若是低于最低限度 4.5%,则税务部门应加以重视,该被调查企业可能存在少计收入、虚列成本费用等涉税风险。在实际生活中,由于各地方单位的征管质量和纳税遵从状况不同,预警参考值也存在差异,相关部门应对这一数值及时进行调整。

2.营运收入估算法

(1)"油耗法"营运收入估算模型
计算公式为:
测算营运收入 = ∑(汽车行程公里×每吨公里平均运费×平均载质量)
式中:汽车行程公里 = ∑(四类车型货物运输耗油量÷每百公里耗油量)
耗油量 = 耗油金额÷平均油价
平均载质量 = ∑(四类车核定总载质量÷数量)
平均油价可以以一定时期的市场平均价格为参考;每百公里耗油量以不同车型的耗油参数标准为参考。
(2)"运营能力法"营运收入估算模型
计算公式为:
测算营运收入 = ∑四种车型(总载质量×每吨每天营运收入×营运天数)
(3)计算营运收入的偏离系数
计算公式为:
偏离值 = 实际营业收入 - 测算营业收入

$$偏离系数 = \frac{偏离值}{测算营业收入} \times 100\%$$

（4）税收风险分析识别

偏离系数与税收风险存在以下关系，见表7-9所示。

表7-9 偏离系数与税收风险的关系

偏离系数	税收风险等级
10%～30%	二级
30%～50%	三级
50%～70%	四级
大于70%	五级

需要注意的是，当企业实际营业收入比测算营业收入数值高时，可能存在虚开货运业发票或货运业收入中列支了其他收入内容等涉税风险问题。

二、钢压延加工行业税收风险分析与识别

（一）行业概述

1.行业基本情况

钢压延加工是炼钢的延续，钢压延加工工艺主要是物理变形的过程，产品多达数百种，一般分为初加工和深加工两类产品。初加工工艺相对简单，技术含量相对较低，其产品（主要是指槽钢、角钢、扁钢、带钢、线材等）占据市场主导地位。深加工是根据不同产品（如家电用钢、汽车用钢、镀锌板等）采用不同的生产工艺对初加工产品进行的再加工。

2.行业生产工艺流程

（1）热轧生产工艺流程

①将钢坯推入加热炉进行加热，直至温度达到1200℃左右；

②由传送机传送至可逆式轧机进行开坯和初步轧制;③将初步轧制的原材料推至轧机,再次进行轧制;④轧制完成后推至校直机进行校直;⑤按具体要求进行切割;⑥打包。

热轧生产工艺具体流程如图 7-2 所示。

```
┌────┐    ┌─────┐    ┌────┐    ┌────┐    ┌────┐    ┌────┐
│钢坯│ →  │加热炉│ →  │轧机│ →  │校直│ →  │切割│ →  │包装│
└────┘    └─────┘    └────┘    └────┘    └────┘    └────┘
```

图 7-2 热轧生产工艺流程图

(2)冷轧生产工艺流程

①将带钢进行拆卷、剥壳,再送入酸洗池进行酸洗;②用轧机进行多道轧制,达到成品要求的厚度;③为了使产品物理性质达到要求,对产品进行退火热处理。有的企业还将产品进行倒卷,以调整产品卷中各层间隙;④进行了拉校、裁剪、镀锌处理,以保证产品质量;⑤包装。

冷轧生产工艺具体流程如图 7-3 所示。

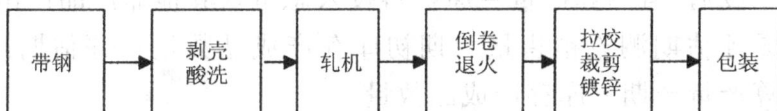

```
┌────┐    ┌─────┐    ┌────┐    ┌─────┐    ┌─────┐    ┌────┐
│带钢│ →  │剥壳 │ →  │轧机│ →  │倒卷 │ →  │拉校 │ →  │包装│
│    │    │酸洗 │    │    │    │退火 │    │裁剪 │    │    │
│    │    │     │    │    │    │     │    │镀锌 │    │    │
└────┘    └─────┘    └────┘    └─────┘    └─────┘    └────┘
```

图 7-3 冷轧生产工艺流程图

(二)行业税收遵从风险表现

(1)这类产品销售渠道较多且繁杂,在现金交易时可能出现不开发票、不入账、以物抵费等情况,申报的销售收入低于实际销售收入。

(2)轧辊单位价值较高,在实际工作中无法对轧辊的消耗进行具体掌握,因此轧辊对进项税额、废钢的销售收入等产生影响。

(3)由于产成品与副产品价格相差很大,在企业产量较大的情况下,产成品与副产品的比率波动,对销售收入影响较大。比如企业有可能将产成品与副产品、副产品之间销售量混淆、混合计价,少计销售收入。

(三)行业税收风险分析识别方法

1.投入产出法

(1)含义

根据企业投入原材料数量,来测算生产出的产成品、各种主要副产品数量。控制的要点是产成品、副产品的产出数量是否正常,相互之间比例是否匹配。由于产成品与副产品、副产品类型之间价格相差很大,如果不匹配会对销售收入产生影响。

(2)销售收入估算的步骤与方法

①产成品测算产量＝原材料投入总量×成材率

②氧化皮测算产量＝原材料投入总量×氧化皮产出率

③废钢(甩废、成品钢头)测算产量＝原材料投入总量×废钢产出率

④废屑、渣测算产量＝原材料投入总量×其他非产品产出率

⑤评估期测算销售量＝期初库存产成品数量＋评估期产成品测算产量－期末库存产成品数量

⑥测算应税销售收入＝评估期测算销售量×销售单价

(3)主要指标参数范围

见表7-10和表7-11所示。

表7-10　热轧(槽钢、扁钢、角钢)主要投入产出比指标参数

项目	标准值(%)	上限(%)	下限(%)
投入产出比	99.00	99.20	98.80
成材率	91.00	93.20	90.00
氧化皮产出率	2.00	1.00	3.50
废钢产出率	3.90	3.00	4.80
废屑、渣产出率	2.10	2.20	0.50

说明:扁钢各项指标比槽钢略低(小于0.5%)。

表 7-11　冷轧(带钢)主要投入产出比指标参数

项目	标准值(%)	上限(%)	下限(%)
投入产出比	98.00	99.00	97.00
成材率	85.00	88.00	82.00
氧化皮产出率	0.70	0.20	1.00
废钢产出率	12.30	10.80	14.00

（4）相关指标计算

投入产出比＝（产成品产出数量＋氧化皮产出数量＋废钢产出数量＋废屑、渣产出数量）÷（当期投入原材料数量＋半成品期初数量－半成品期末数量）×100%

成材率＝产成品产出数量÷（当期投入原材料数量＋半成品期初数量－半成品期末数量）×100%

氧化皮产出率＝氧化皮产出数量÷（当期投入原材料数量＋半成品期初数量－半成品期末数量）×100%

废钢产出率＝废钢产出数量÷（当期投入原材料数量＋半成品期初数量－半成品期末数量）×100%

（5）税收风险分析识别

①若测算应税销售收入与实际申报销售收入相差无几，则企业不存在税收风险。

②若测算应税销售收入比实际申报销售收入数额小，则企业可能存在为他人代开、虚开发票，原材料实际购买量少于发票注明量等问题。

③若是测算应税销售收入比实际申报销售收入数额大，则企业可能存在以下问题：产成品与副产品类型混淆，收入少计；未及时准确地将销售产品数额、单价计入账上；将购进或生产的货物计入非应税项目，逃避缴纳税款数额。

2.能耗法

(1)含义

该方法适用于定量分析,且在能耗信息准确的情况下调查结果较为可靠。能耗法是根据单位产品耗用能量来测算企业实际产量与销售收入的方法,具体可分为煤气(煤)耗用法和电力耗用定额法。

(2)销售收入估算的步骤与方法

①产品测算产量＝生产煤气(煤)耗量÷单位产品煤气(煤)消耗定额

产品测算产量＝评估期生产电力耗量÷单位产品电力消耗定额

②氧化皮测算产量＝产品测算产量÷成材率×氧化皮产出率

③废钢(甩废、成品钢头)测算产量＝产品测算产量÷成材率×废钢产出率

④废屑、渣产出测算产量＝产品测算产量÷成材率×其他非产品产出率

⑤测算销售量＝期初库存产成品数量＋产成品测算产量－期末库存产成品数量

⑥测算应税销售收入＝评估期测算销售量×销售单价

(3)主要指标参数范围

见表 7-12、表 7-13、表 7-14、表 7-15 所示。

表 7-12 热轧主要煤气(煤)指标参数

热轧(槽钢、扁钢、角钢)			
项目	标准值	上限	下限
单位产品煤气消耗定额(立方米/吨)	95.00	110.00	85.00
单位产品标准煤消耗定额(公斤/吨)(适用于煤气发生炉自产煤气模式)	125.00	140.00	110.00

说明:扁钢能耗比槽钢略高(比例小于 3%)。

表 7-13　冷轧主要煤气(煤)指标参数

冷轧(带钢)			
项　目	标准值	上限	下限
单位产品标准煤消耗定额(公斤/吨)(适用于煤气发生炉自产煤气模式)	140.00	155.00	125.00

表 7-14　热轧主要电力消耗指标参数

热轧(槽钢、扁钢、角钢)			
项　目	标准值	上限	下限
单位产品电力消耗定额(千瓦时/吨)	72.00	88.00	55.00

说明:扁钢能耗比槽钢略高(比例小于 3%)。

表 7-15　冷轧主要电力消耗指标参数

冷轧(带钢)			
项　目	标准值	上限	下限
单位产品电力消耗定额(千瓦时/吨)(成品厚度 0.2 毫米以上)	340.00	355.00	325.00
单位产品电力消耗定额(千瓦时/吨)(成品厚度 0.2 毫米以下)	450.00	490.00	400.00

(4)相关指标计算与说明

单位产品煤气消耗定额＝生产中煤气耗用量(立方米)÷产成品产量(焦炉煤气标准:平均低位发热量 17072.2 千焦或 4084.3 千卡/立方米)

单位产品标准煤消耗定额＝生产中标准煤耗用量÷产成品产量(无烟煤标准:平均低位发热量 23108.6 千焦或 5528.4 千卡/千克)

(5)税收风险分析识别

①若测算应税销售收入与实际申报销售收入相差无几,则企业不存在税收风险。

②若测算应税销售收入比实际申报销售收入数额小,则企业可能存在为他人代开、虚开发票,原材料实际购买量少于发票注明量等问题。

③若是测算应税销售收入比实际申报销售收入数额大,则企业可能存在以下问题:产成品与副产品类型混淆,收入少计;未及时准确地将销售产品数额、单价计入账上;将购进或生产的货物计入非应税项目,逃避缴纳税款数额。

3.单位产品定耗(盐酸)法

(1)含义

这一方法主要针对冷轧行业,通过企业生产工艺过程中某一必要环节耗费的辅助材料定额来测算企业实际生产数量,在使用时应准确掌握各主产品、副产品的投入产出比率。

(2)销售收入估算的步骤与方法

①产品测算产量=盐酸投入总量÷单位产品盐酸消耗定额

②氧化皮测算产量=产品测算产量÷成材率×氧化皮产出率

③废钢(甩废、成品钢头)测算产量=产品测算产量÷成材率×废钢产出率

④废屑、渣产出测算产量=产品测算产量÷成材率×其他非产品产出率

⑤测算销售量=期初库存产成品数量+产成品测算产量-期末库存产成品数量

⑥测算应税销售收入=评估期测算销售量×销售单价

(3)主要指标参数范围

见表7-16所示。

表7-16　单位产品盐酸消耗定额指标参数

冷轧(带钢)			
项目	标准值	上限	下限
20米洗槽单位产品盐酸消耗定额(公斤/吨)	80.00	85.00	70.00

每增加10米洗槽盐酸吨耗减少7千克左右。

(4)税收风险分析识别

①若测算应税销售收入与实际申报销售收入相差无几,则企业不存在税收风险。

②若测算应税销售收入比实际申报销售收入数额小,则企业可能存在为他人代开、虚开发票,原材料实际购买量少于发票注明量等问题。

③若是测算应税销售收入比实际申报销售收入数额大,则企业可能存在以下问题:产成品与副产品类型混淆,收入少计;未及时准确地将销售产品数额、单价计入账上;将购进或生产的货物计入非应税项目,逃避缴纳税款数额。

参考文献

[1]海林.企业税收风险应对[M].北京:中国农业大学,2013.

[2]李晓曼.税收风险管理理论与方法[M].北京:中国财政经济出版社,2013.

[3]马晓颖,张林海,王红莲.税收风险管理策略[M].北京:中国税务出版社,2015.

[4]王韬.企业税收筹划[M].北京:科学出版社,2015.

[5]庞凤喜.税收原理与中国税制[M].北京:中国财政经济出版社,2013.

[6]盖地.中国税制[M].北京:中国人民大学出版社,2015.

[7]盖地.税务会计[M].上海:立信会计出版社,2005.

[8]刘文华.经济法[M].北京:中国人民大学出版社,2012.

[9]孙世强.中国税制[M].北京:人民邮电出版社,2016.

[10]黄衍电.税收政策与筹划[M].北京:经济科学出版社,2002.

[11]范忠山,邱引珠.企业税务风险与化解[M].北京:对外经济贸易大学出版社,2002.

[12]苏春林.纳税筹划[M].北京:北京大学出版社,2002.

[13]刘蓉.税收筹划[M].北京:中国税务出版社,2008.

[14]王国华,张美中.纳税筹划理论与实务[M].北京:中国税务出版社,2004.

[15]顾瑞鹏.企业纳税预算与风险管控[M].昆明:云南大学出版社,2013.

[16]高允斌.公司税制与纳税筹划[M].北京:中信出版社,2011.

[17]庄粉荣.纳税筹划实战精选百例(第三版)[M].北京:机械工业出版社,2010.

[18]蔡昌.税收筹划方法与案例[M].广州:广东经济出版社,2003.

[19]陈国庆.公司税收筹划[M].北京:企业管理出版社,2004.

[20]李大明.税收筹划[M].北京:中国财政经济出版社,2005.

[21]迈伦斯·科尔斯.税收与企业战略:筹划方法[M].北京:中国财政经济出版社,2004.

[22]计金标.税收筹划[M].北京:中国人民大学出版社,2010.

[23]赵连志.税收筹划操作实务[M].北京:中国税务出版社,2002.

[24]刘明.税收优惠政策与操作实务[M].北京:中国税务出版社,2006.

[25]刘振彪.税收征管绩效评估研究[M].长沙:湖南人民出版社,2009.

[26]刘振彪.基于行为博弈的税收遵从论[M].厦门:厦门大学出版社,2012.

[27]中国注册会计师协会.税法[M].北京:经济科学出版社,2012.

[28]蔡昌.税收筹划理论与实务[M].北京:中国财政经济出版社,2014.

[29]梁文涛.纳税筹划[M].北京:清华大学出版社,2012.

[30]都新英.税收筹划[M].北京:北京大学出版社,2012.

[31]朱国平.纳税筹划[M].北京:中国财政经济出版社,2010.

［32］王振东,刘淼.税收筹划［M］.北京:人民邮电出版社,2012.

［33］翟继光.新税法下企业纳税筹划［M］.北京:电子工业出版社,2013.

［34］谷义.国家税收［M］.北京:经济科学出版社,2012.

［35］盖地.税务筹划理论与实务［M］.大连:东北财经大学出版社,2005.

［36］盖地.税务筹划［M］.北京:首都经济贸易大学出版社,2005.

［37］高金平.税收筹划谋略百篇［M］.北京:中国财政经济出版社,2002.

［38］苏春林.纳税筹划［M］.北京:北京大学出版社,2005.

［39］梁文涛.纳税筹划［M］.北京:清华大学出版社,2010.

［40］赵恒群.税务会计与纳税筹划［M］.北京:首都经济贸易大学出版社,2013.

［41］刘蓉.公司战略管理与税收策略研究［M］.北京:中国经济出版社,2005.

［42］李维萍.资产重组的税收政策［M］.北京:中国税务出版社,2007.

［43］郝如玉,曹静韬.当代税收理论研究［M］.北京:中国财政经济出版社,2008.

［44］陈志勇,薛刚.税收筹划理论与实践［M］.北京:经济科学出版社,2010.

［45］尹梦霞.税收筹划实务［M］.成都:西南财经大学出版社,2013.

［46］李晓曼.建立税收风险分析识别体系的思考［J］.中国外资,2013(9):88～89.

［47］彭明.企业税收风险分析［J］.湖南税务高等专科学校学报,2011(116):18～20.

［48］张戈丽.浅析企业税收风险识别、评估与应对系统的设

计[J].企业导报,2014(14):145～146.

[49]张雅頔.煤炭企业税务风险管理探析[J].商,2015(42):146.

[50]郑小艳.企业采购风险防范的控制探讨[J].新疆技术监督,2001(6):37～38.

[51]陈仲均,周奎.对物资采购监督管理的思考[J].中国内部审计,2006(10):48～49.